Wulf Werbelow

PFÄLZER WEINBUCH

Namen und Herkunft der Pfälzer Weine

Wulf Werbelow: Jahrgang 1938, aufgewachsen im Saargebiet und in der Pfalz, Humanist (1957), Germanist, Historiker (1958 - 1964), Buchhändler, Import und Export, en gros und en détail (1964 - 2002), Rentner, Leseopa (2002 - 2017), sammelt Kugelbahnen und Wissenswertes aus Sprache und Kultur, erzählt Geschichten und macht gerne „Gedichdelcher", züchtet Feigen und Würmer und lebt seit 2005 im Schammatdorf in Trier, liebt die Pfalz und glaubt an das Gute im Menschen.

Steffen Boiselle & Clemens Ellert
Sauterstr. 36, 67433 Neustadt a. d. Weinstr.
Fon: 06321- 489343, Fax: 06321- 489345
Mail: info@agiro.de

© 2017 AGIRO Verlag / Wulf Werbelow
Comic-Illustrationen: Steffen Boiselle
Umschlag: Michael Beck
Satz & Layout: Teresa Knoll
Lektorat: Teresa Knoll
Printed in Europe
ISBN 978-3-939233-70-1

Genießet bedächtig
den funkelnden
Tropfen.
Euch wird das Herz
vor Freude klopfen,
trinkt Ihr den
edlen deutschen
Wein.

HORST

Winzer eG Herrenberg-Honigsäckel

Weinstraße 12, 67098 Bad Dürkheim-Ungstein
Tel.: 06322 94640 · E-Mail: info@wg-ungstein.de

Inhalt

5

WEINSTUBE SCHWARZAMSEL

Restaurant und Ferienwohnungen
Pfälzer Gastlichkeit mit Tradition
Gerd & Helga Gronau
Korngasse 18 · 67346 Speyer
Telefon: 06232/686 55 80
www.weinstube-schwarzamsel.de

Unsere Öffnungszeiten:

Dienstag bis Freitag:
ab 18:00 Uhr

Samstag:
von 11:00 bis 14:00 Uhr
und ab 18:00 Uhr

Sonntag: ab 17:00 Uhr

Montag: Ruhetag

Weine sind wie Menschen

Jung sind sie prickelnd, spritzig, zuweilen überschäumend und in vielen Belangen noch ziemlich unausgegoren. Und wenn sie uns auch in mancher Hinsicht undurchsichtig erscheinen, so finden wir junge Menschen und junge Weine doch immer anregend und lassen uns gerne von ihrem Temperament begeistern. Ihre unkomplizierte Direktheit erleben wir nur allzu oft in berauschender Fröhlichkeit.

Mit zunehmendem Alter, sagt man, werden Menschen und Weine reifer und abgeklärter. Beide verlieren ihre Trübung und gewinnen mehr und mehr an Klarheit und Durchblick. Sie bilden Farbe und Konturen aus und zeigen erste Anzeichen von Ausstrahlung. Wir setzen so manche Hoffnung und viele Erwartungen in ihre weitere Entwicklung, versuchen abzuschätzen, wo wir sie zukünftig einordnen können, und reservieren ihnen schon einmal einen gebührenden Platz in unserem Herzen oder in unserem Keller.

Die wahre Qualität erreichen Weine wie Menschen jedoch erst im Alter. Wir sollten ihnen Zeit lassen, sich langsam zu entwickeln, alle ihnen innewohnenden Anlagen und Eigenschaften zu entfalten und auszubilden, damit sie schließlich ausgereift und durchgegoren als liebliche oder feurige, als herbe oder trockene, als vollmundige oder zurückhaltende Gäste unsere Tafel bereichern.

Wie wir uns glücklich schätzen, einen weisen Menschen zum Freund zu haben, um von

9

ihm und seiner Erfahrung zu lernen und jederzeit seine ehrliche Meinung zu hören, so sollten wir auch einen edlen Wein genießen, um durch ihn Wahrheit über uns selbst zu erfahren.

So schreibt beispielsweise schon der römische Historiker Tacitus in seiner Geschichte Germaniens über unsere Vorfahren, dass es bei ihnen üblich war, bei wichtigen Ratsversammlungen Wein auszuschenken, weil die Germanen daran glaubten, dass niemand lügen könne, wenn er Wein getrunken habe. Wir sollten dem Vorbild unserer Ahnen nacheifern und unseren Politikern in Zukunft immer ein gut gefülltes Schoppenglas Pfälzer Wein aufs Rednerpult stellen. Vielleicht kommt ihnen dann die Wahrheit wieder leichter über die Zunge und ans Licht.

In vino veritas.
Im Wein liegt Wahrheit.
(Alkaios von Lesbos, griechischer Lyriker)

Der Wein erfindet nichts,
Er schwatzt's nur aus.
(Friedrich Schiller, Wallenstein Piccolomini)

Von Vornamen und Nachnamen

Weil Weine und Menschen einander so ähnlich sind und vieles gemeinsam haben, geben die Menschen den Weinen, wie sich selbst, Namen; wohlklingende, interessante, bedeutsame, manchmal auch witzige und fantasievolle Namen. Diese Namen schreiben sie den Weinen auf das Flaschenetikett, das so gewissermaßen zum Personalausweis der Weine wird. Jeder Wein erhält auf seinem Ausweis, genau wie ein Mensch, einen Vornamen und einen Nachnamen, dazu sein Geburtsjahr, die Rebsorte, aus der er gekeltert wurde und den Namen des Weingutes, in dessen Kellern er gereift ist. Denn alles muss seine Ordnung haben, unter den Weinen wie unter den Menschen!

Bei uns Menschen benennt der Nachname, den wir auch Familiennamen nennen, unsere Herkunft, die Familie, aus der wir stammen. Wir verbinden mit ihm besondere Eigenschaften und Merkmale, die allen Angehörigen einer Familie seit Generationen vererbt werden.

Die Familie eines Weines ist der Ort, wo er wächst, das Dorf oder die Stadt, in deren Weinbergen er mit seinen Brüdern und Schwestern angebaut wird. Der Name der

Gemeinde, in der ein Wein daheim ist, ist sein Familienname. So wie die Gemarkung, in der er im Frühling blüht, im Sommer sein üppiges Laub entfaltet und im Herbst seine Trauben reifen lässt, so heißt auch der Wein. Hier ist seine Heimat, der Stammsitz seiner Familie. Zusammen mit den anderen Weinen seines Ortes kündet er mit seinem Namen von der Güte und Qualität seiner Heimatgemeinde. Kenner schmecken, ob ein Wein aus Deidesheim kommt oder ob er ein Ungsteiner ist. Zunge und Gaumen unterscheiden wohl einen Siebeldinger von einem Ilbesheimer und ein Herxheimer schmeckt untrüglich anders als ein Leistadter.

Natürlich bestimmt auch die Rebsorte den Geschmack eines Weines. Es macht einen Unterschied, ob wir einen Gewürztraminer probieren oder einen Portugieser, einen

Silvaner oder einen Riesling, ob wir einen Ruländer im Glas haben oder einen Kerner, ob wir einen Spätburgunder genießen oder einen Morio Muskat. Die Rebsorte gibt, musikalisch gesprochen, dem Wein seinen Grundton. Das Klima und die besondere Atmosphäre seiner Heimatgemeinde ergeben die Fülle und den Reichtum seiner Akkorde. Aber erst der Boden und die Wärme seines Weinberges vollenden die Melodie, den Wohlklang und den Wohlgeschmack eines jeden Weines.

So kommt es, dass die Weinberge die Paten und die Weinlagen die Namenspatrone der Weine geworden sind. Von ihnen haben sie ihre Vornamen erhalten. Wie sein Wingert heißt, die Flur, der Bergrücken, der Hang oder der Hügel genannt wird, auf dem er gedeiht, so wird auch der Wein genannt und „gerufen".

Wie bei den Menschen der Vorname Ausdruck der Einmaligkeit einer Person sein soll, so will auch der Vorname eines Weines die Bezeichnung seiner besonderen Persönlichkeit sein. Mit dem Vornamen unserer lieben Mitmenschen und Verwandten verbinden wir nicht immer nur gute und angenehme Vorstellungen. Ihre unangenehmen, manchmal biestigen und unerfreulichen Charakterzüge haften oft genug ihren Vornamen an.

Die Vornamen von Weinen dagegen vermitteln uns immer nur erfreuliche Erfahrungen, gute Erinnerungen und frohe Erwartungen. Wer bekommt nicht leuchtende Augen, schnalzt gar mit der Zunge, wenn er die Namen *Meerspinne, *Honigsäckel, *Paradiesgarten oder *Gerümpel hört? So erfahren wir durch die Vornamen unserer Weine viel über die Weinberge, über deren Form oder Lage, über ihre Geschichte oder ihre Besitzer, über die Beschaffenheit ihrer Böden und viele andere Eigenschaften mehr.

*Wie ein
Lebenswasser
ist der Wein
für den Menschen,
wenn er ihn
mäßig trinkt.
Was ist das
für ein Leben,
wenn man
keinen Wein hat,
der doch von
Anfang an
zur Freude
geschaffen wurde?*

(Jesus Sirach,
Altes Testament)

Gib acht auf den Jahrgang

Der Verlauf eines Jahres spiegelt sich in den Trauben einer Rebe. Erde, Sonne, Wind und Regen fließen ein in die Farbe, den Duft, den Geschmack, das Bukett, den Charakter des Weines. Deshalb kann die Qualität seines Jahrgangs der letzte und schönste Akkord sein, der einen Wein zur Abrundung und Vollendung bringt.

Wie der Mensch im Laufe seines Lebens gute und schlechte Zeiten erlebt, durch schwere Wetter hindurch muss, wo ihm der Wind ins Gesicht bläst und er zuweilen ganz schön im Regen steht, so ist auch der Wein den Stimmungen und Launen der Natur ausgesetzt, solange er auf seinem Rebstock wächst. Den Winter hindurch wartet die Rebe geduldig, bis mildere Temperaturen die Fröste ablösen. Sie lässt sich in dieser Zeit zurechtschneiden, biegen und anbinden. Sobald  es wärmer wird, steckt sie ihre ganze angesammelte Kraft in den Wuchs ihrer Triebe. Im Juni will sie blühen. Dann braucht sie Regen und viel Wärme, damit ihre Trauben zu üppigen Gehängen heranwachsen können.

So wie es uns Menschen wohltut, nach Perioden des Regens und der Kälte heitere Wochen und Monate zu erleben, in denen der Himmel wolken- und sorgenlos auf uns herabsieht, ein Hoch dem anderen folgt und die Sonne des Lebens uns verwöhnt, so braucht auch der Wein in der Phase seines Erdenlebens viel Sonnenschein. Seine Trauben sammeln die Wärme und Kraft der Sonne, die Süße und

Heiterkeit des Sommers in ihren Beeren, um sie in einem gehaltvollen und bekömmlichen Wein zu bewahren und uns genießen zu lassen. Es hängt sehr von der Zahl der heiteren Stunden ab, die ihm vom Schicksal zugeteilt werden, wie ausgeglichen und fröhlich ein Mensch sein kann. Waren es viele trübe und verregnete Tage, die er erleben musste, kommt ein Mensch wohl eher lustlos und missmutig daher. Ähnlich ergeht es einem Wein. Bekommt er zu viel Regen ab, will der Nebel lange nicht weichen, verhagelt das Wetter ihm gar einige Tage, dann wird er in diesem Jahr wohl eher säuerlich werden. Meint es der Himmel aber gut mit ihm, lässt milde Regen niedergehen und ihn anschließend ausgiebig von der Sonne bescheinen, wird der Wein also von beiden im rechten Maße verwöhnt, dann wird er kraftvoll und füllig werden, wird Rasse und Klasse haben.

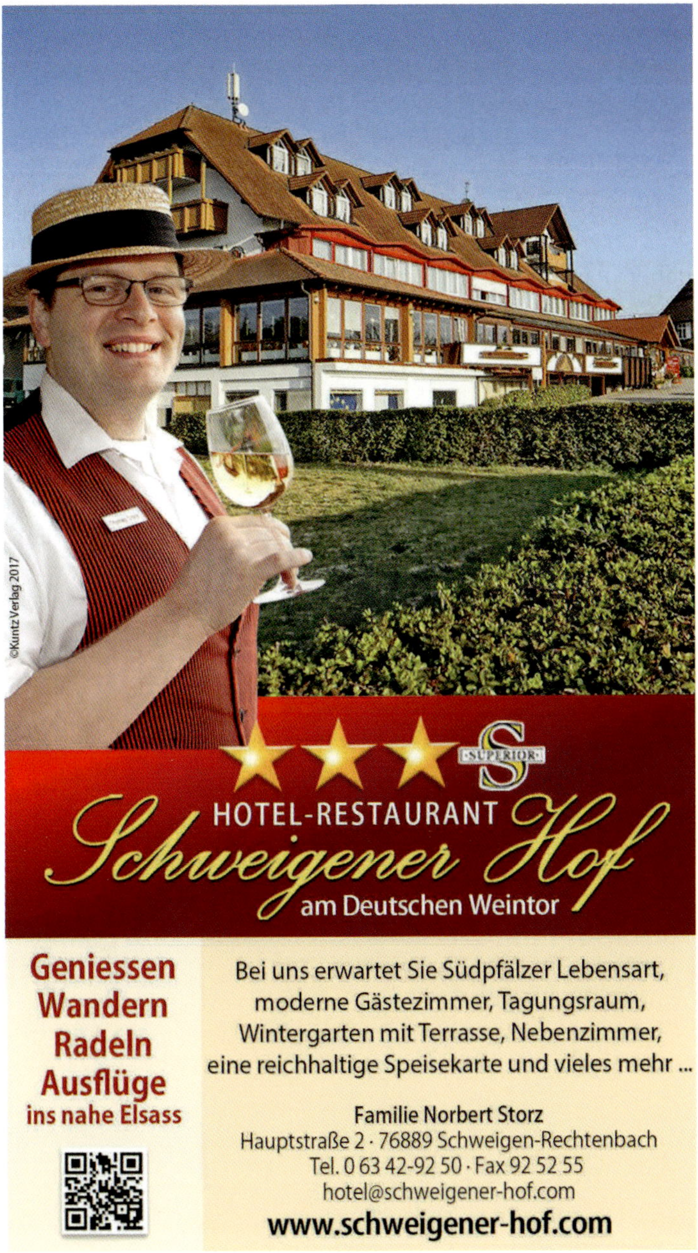
©Kuntz Verlag 2017
SUPERIOR
HOTEL-RESTAURANT
Schweigener Hof
am Deutschen Weintor
Geniessen
Wandern
Radeln
Ausflüge
ins nahe Elsass
Bei uns erwartet Sie Südpfälzer Lebensart,
moderne Gästezimmer, Tagungsraum,
Wintergarten mit Terrasse, Nebenzimmer,
eine reichhaltige Speisekarte und vieles mehr ...
Familie Norbert Storz
Hauptstraße 2 · 76889 Schweigen-Rechtenbach
Tel. 0 63 42-92 50 · Fax 92 52 55
hotel@schweigener-hof.com
www.schweigener-hof.com

Anzeige

Weinkontor Edenkoben eG

Weinstraße 130

67480 Edenkoben

Tel.: 06323/94190

www.weinkontor-edenkoben.de

info@weinkontor-edenkoben.de

Fluren und Gewanne

Weine erhalten ihre Namen von den Flurstücken und Gewannen, in denen sie wachsen. Die Weinberge und Weingärten sind ihre Paten und Namenspatrone. Wie aber kommen Weinberge, Wiesen, Felder und Äcker zu ihren Namen? Wer bestimmt, wie sie heißen?

Flurnamen entstehen, wenn ein Land besiedelt wird. Kamen in Zeiten von Völkerwanderungen umherziehende Stämme in einen bis dahin noch unbewohnten Landstrich und gefiel ihnen das Land, weil es Schutz und genügend Nahrung versprach, beschlossen die Menschen zu bleiben und wurden sesshaft. Sie fällten Bäume, zimmerten sich aus den Stämmen Hütten und Häuser zum Schutz gegen Wind und Wetter und wilde Tiere. Sie begannen, den Wald zu roden und legten um ihre kleinen Dörfer Felder an, säten Getreide, pflanzten Rüben und andere Früchte des Feldes und machten so das Land Stück für Stück urbar. Und wie Menschen ihren Kindern Namen geben, um sie als einmalig bedeutsam zu bezeichnen, so gaben sie auch ihren Äckern und Wiesen Namen, womit sie das Einmalige, den Charakter der Flur beschrieben, damit sie sie leichter auseinanderhalten konnten und sich besser zurechtfanden. Je nach

der Lage oder Form, der Beschaffenheit des Bodens oder der Art des bisherigen Bewuchses erhielt jedes Feld seinen eigenen, seiner Besonderheit entsprechenden Namen. Da, wo Eichen gefällt worden waren, lag dann das „Eichsfeld", der Hügel, auf dem Buchen gestanden hatten, hieß fortan „Buchenkopf", den Acker, dessen Erde voller Steine war, nannte man „Steingewann" und das Feld in der Senke wurde nach seinem lehmigen Boden „Lettengrund" oder „Lehmkuhle" genannt.

Die Besiedlung der Pfalz, und damit die Zeit, in der die pfälzischen Flurnamen entstanden, begann erst richtig im frühen Mittelalter. Bis dahin war die Pfalz nur spärlich besiedelt. Der Pfälzerwald reichte vom Haardtgebirge bis hinunter an den Rhein und bedeckte große Teile der Ebene. Füchse und Hasen konnten sich ungestört „Gute Nacht" sagen und die Elwedritsche lebten sorglos und unbekümmert in den Tag hinein. Nur vereinzelt gab es ein paar keltische Siedlungen, wie beispielsweise bei Rodenbach, Laumersheim, Bad Dürkheim oder auf dem Donnersberg. Die Kelten gehörten zu den Galliern und waren ein kriegerisches Volk. Sie betrieben Ackerbau und Viehzucht, gingen auf die Jagd und trieben Handel mit anderen Völkern. So kamen ab und zu bei ihren Siedlungen griechische Händler vorbei, die Waren aus südlichen Ländern mit sich führten. Die Händler benutzten einen Handelsweg, der in der griechischen Kolonie Massilia, dem heutigen Marseille, beginnend, die Rhone hinauf führte, dann dem Rhein folgte, dabei auch die Pfalz durchquerte und sich über Worms und Mainz ins Rheinland fortsetzte.

Auf diesem Weg brachten die griechischen Kaufleute auch Wein aus dem Süden Europas zu den Kelten in der Pfalz. So berichtete Tacitus, der römische Geschichtsschreiber, nach Rom: „Die am Rhein wohnen, handeln mit Wein." Wahrscheinlich sind damals die ersten Rebstöcke vom Mittelmeer und aus dem Kaukasus in die Pfalz gekommen und von keltischen Bauern in kleinen Weinbergen gepflegt worden. Jedenfalls war den Pfälzern, als sie noch Gallier waren, der Wein kein Unbekannter.

Mit Sicherheit brachten die Römer die Reben ihrer italienischen Heimat in das Land am Rhein. Mit der Eroberung der linksrheinischen Gebiete 58 vor Chr. durch Caesar verstärkte sich auch der Weinimport. Die Legionäre waren ihren Wein gewöhnt und wollten nicht auf ihre tägliche Ration verzichten. Eine um 300 nach Chr. hergestellte Glasflasche, die 1867 in einem spätantiken Grab in Speyer gefunden wurde, ist heute noch mit römischem Wein gefüllt und im Historischen Museum der Pfalz in Speyer zu besichtigen. Zuvor wurden 1808 solche römischen Weinflaschen in Ruppertsberg und 1838 in Großkarlbach von Weinbergarbeitern im Feld gefunden. Die Pfalz war zur Zeit der römischen Besatzung von einem Netz militärischer Stützpunkte überzogen. Ihre Aufgabe war es, das linksrheinische Gebiet gegen die heranrückenden Germanen zu schützen. Die römischen Militärlager wurden von einer Vielzahl von kleineren und größeren Gütern versorgt, die neben und zwischen den Kastellen angelegt waren. Kelten, Angehörige römischer Hilfsvölker, auch pensionierte Legionäre bewirtschafteten mit ihren Sklaven die Gutshöfe, von denen die meisten auch Weinberge angelegt hatten. „Die römischen Offiziers", schreibt ein Chronist des 18. Jahrhunderts, „die in den Rheinischen Vestungen lagen, konnten den Wein nicht entbehren".

Zwei Römerstraßen verbanden Lager und Gutshöfe. Eine davon zog sich, von Straßburg kommend, über Weißenburg am Fuß der Haardt entlang, über Altenstadt, Siebeldingen, Kirrweiler, Hambach, Gimmeldingen, Branchweilerhof (heute ein Teil von Neustadt), Mußbach, Meckenheim,

21

Ruppertsberg (Hohe Burg), Deidesheim, Bad Dürkheim, Kirchheim, Großkarlbach über Alzey nach Bingen.

Die zweite Römerstraße verlief parallel zum Rhein, ebenfalls in Straßburg beginnend, über Seltz, Germersheim, Lingenfeld, Speyer und weiter nach Worms.

Noch heute erinnern viele Straßen- und Weinlagennamen in den pfälzischen Dörfern an die römische Vergangenheit. So heißt in Hambach die Straße, die zum berühmten Hambacher Schloss hinaufführt, *Römerweg*. Eine Weinlage im selben Ort trägt den Namen *Römerbrunnen*. In Kirrweiler wächst ein Wein, der *Römerweg* heißt. In Mußbach, Meckenheim und Bad Dürkheim erinnern die Lagen *Spiegel* und *Spie(g)lberg* (Lat. specula = Spiegel) an ehemalige Warttürme. Tempelreste des römischen Gottes Mithras, bei Gimmeldingen gefunden, gaben der dortigen „Mithrasstraße" ihren Namen.

Die eigentliche Besiedlung der Pfalz setzte dann im sechsten Jahrhundert nach Christus mit den Franken ein. Dieser germanische Volksstamm kam mit der Völkerwanderung aus dem hohen Norden an den Rhein. Die Franken zogen auf der Suche nach wärmeren Gefilden gen Süden. Das Land zwischen Haardtgebirge und Rhein gefiel ihnen. Hier war es warm, die Wälder voller Wild und die Erde schien fruchtbar zu sein. Die Franken beschlossen zu bleiben und wurden sesshaft. Sie begannen, Wald zu roden, gründeten Siedlungen und legten um ihre neu entstehenden Dörfer Äcker und Felder an. Die Rheinfranken, wie sie seitdem genannt werden, übernahmen auch die römischen Gutshöfe und erlernten den Umgang mit Reben und Weinstöcken. Der Wein schmeckte ihnen und sie lernten schnell, wie der Dichter Stefan Andres treffend bemerkte, „dass man aus einem schönen, harten jungen Baum nicht nur Speere, sondern ebenso Wingertspfähle machen könne. Und als sie es gelernt hatten, wie man einen Weinberg anlegt und merkten, wie viel Kraft, Klugheit, Geduld und Erfahrung dazu gehört, machte ihnen die Sache Spaß. Sie sahen bald ein, dass viel mehr Männlichkeit erforderlich war, im Schweiße seines Angesichtes eine Hundertschar von Weinstöcken ordentlich den Berg hinanzuführen, als mit Gebrüll gegen eine Stadtmauer anzurennen. Außerdem war das Ergebnis tausendmal schöner: Am Abend eines Kampftages hatte die verwüstete Stadt geraucht, und das Blut der Männer und Frauen, der Jungen und Alten war vor den Füßen der müden, verbeulten und durstigen Krieger vorbeigeflossen. Nun aber floss aus der Kelter das berauschende Blut des Gottes, der die Freude spendet, die Füße zum Tanze bewegt, die Herzen öffnet und verbindet. Die fränkischen Fürsten nahmen sich darum des Weinbaus an, weil sie ahnten, welche erzieherische Macht dem Wein innewohnte, wenn er sich mit dem ungestümen und rastlosen Blut ihres Volkes vermischte." Nachdem die Franken sich solchermaßen in der Pfalz häuslich niedergelassen hatten, Wälder urbar und Felder fruchtbar gemacht hatten, gaben sie, wie das alle Siedler tun, ihren neuen Äckern und natürlich auch ihren neuen Weinbergen eigene Namen. Sie suchten die Namen aus nach der Form eines Feldes, nach der Bodenbeschaffenheit des Wein-

bergs, nach seiner Lage in der Gemarkung oder nach der Nachbarschaft von Bewuchs oder Gebäuden.

Zuerst wurden die Flurnamen mündlich von Generation zu Generation weitergegeben. Dann, als die ersten Urkunden ausgestellt wurden, wurden Flurnamen in schriftlicher Form aufbewahrt und Grundstücke mit ihrem Namen in die sogenannten Grundbücher eingetragen.

Auf beide Arten, mündlich und schriftlich, sind uns bis heute die Flur- und Gewannennamen der Pfalz überliefert. Nicht immer haben sie ihre ursprüngliche Form bewahrt. Denn im Laufe von Jahrhunderten verändern sich nicht nur Landschaften, wandeln Dörfer und Städte ihr Gesicht, auch Namen und Bezeichnungen verändern sich und unterliegen einem Wandel. Durch Besitzerwechsel, durch Zusammenlegen oder Beschluss auf „höherer Ebene" verschwinden Felder und mit ihnen ihre Namen. Neue Namen entstehen und alte verändern ihre Bedeutung.

Da es den Menschen eigen ist – ob zu ihrem Nutzen oder zu ihrem Schaden, meist zum Nutzen weniger und zum Schaden vieler – immer mehr Besitz anhäufen zu wollen, gingen im Laufe der Zeit viele Weinberge aus den Händen kleiner Bauern und Winzer in den Besitz großer Weingüter weltlicher oder geistlicher Herren über. Dabei mussten viele Wingerte ihre alten Namen ablegen und den ihrer neuen Herrn annehmen. So konnte aus dem „Eichsfeld" durchaus ein „Herrenmorgen" werden und aus dem „Lettengrund" ein „Nonnenstück", wenn es durch Verkauf oder Schenkung in Gutsherren- oder Klosterbesitz übergegangen war. Auch großflächige Flurbereinigungen in unserer Zeit haben viele alte Lagennamen verschwinden lassen. Durch neuzeitliche Vermarktungsstrategien sind ebenfalls neue Weinlagennamen entstanden.

Die natürlichen Veränderungen einer lebendigen Sprache, wie die Sprachverschiebungen vom Althochdeutschen über das Mittelhochdeutsche zum Neuhochdeutschen, beziehungsweise vom Rheinfränkischen über das Pfälzische zum Hochdeutschen, haben Flur- und Gewannennamen in Schreibweise, Bedeutung und Aussprache oft wesentlich verändert. So ist für uns Heutige manches mittelalterliche Wort ohne Sinn und Inhalt, „helde" war für die Franken das Wort für „Hang" oder „Abhang", für ein leicht abschüssiges Gelände. Wir kennen das Wort heute noch in seiner Bedeutung als „Halde". Sprechen wir „helde" aber mundartlich, also „pälzisch" aus, so wird daraus „helle" oder „hell", woraus dann wiederum, wenn wir es hochdeutsch auf ein Weinflaschenetikett schreiben wollen, „Hölle" wird. Und schon hat ein Weinberg, der wegen seiner Hanglage „helde" genannt wurde, den schönen Namen „Hölle" und ein Wein namens „Hölle" regt unsere Fantasie zu mancherlei Spekulationen über seinen Charakter an.

Solcherart werden sich in diesem Buch viele Weinnamen finden, die sich verändert haben und heute in neuer, oft bildhafter, fantasievoller oder witziger Form erscheinen. Es werden aber auch Namen auftauchen, die seit ihrer Entstehung unverändert erhalten geblieben sind.

Einzel- und Großlagen

Noch vor einem guten halben Jahrhundert gab es in der Pfalz nahezu dreitausendundfünfhundert Weinlagennamen! Der „Pfalzwein-Almanach" von 1953 führte davon fast dreitausend namentlich auf. Doch nur wenige Pfälzer Weine wurden jahrzehntelang unter ihrem eigenen Namen verkauft. Zwar waren Flaschenweine wie das *Forster Ungeheuer* oder der *Deidesheimer Herrgottsacker* und einige andere mehr über die Grenzen der Pfalz hinaus bekannt und in Deutschland, ja sogar in der Welt, begehrt, die meisten Pfälzer Weine jedoch gingen als Fassweine in den Weinhandel. Entweder in kleinen, handlichen Fässern für die Gaststätten oder Weinhändler und Weinkommissionäre kauften den Winzern ihre Ernte ab und lieferten den Wein aus der Pfalz zum Verschneiden in andere Weinbaugebiete, vor allem an die Mosel. Dort sorgte der geringschätzig als „Massenwein" titulierte Pfälzer dafür, dass unter den bekannten und berühmten Moselnamen mehr Wein verkauft werden konnte, als an den steilen Hängen der Mosel geerntet worden war.

Das alles war ganz legal, viele Jahrzehnte lang. Bis zum Jahr 1971. In diesem Jahr trat ein neues Weingesetz in

Kraft. Es schränkte den Verschnitt mit Weinen aus fremden Anbaugebieten stark ein. Der Pfalzwein blieb jetzt in der Pfalz und musste unter eigenen Namen verkauft werden. Gleichzeitig legte das neue Weingesetz die Mindestgröße einer Weinlage auf fünf Hektar fest.

Die alten Flur- und Gewannennamen, die Namen der Weinlagen, die jahrhundertelang nur in den eigenen Orten bekannt waren, kamen nun zu Tausenden auf die Flaschenetiketten und gingen mit diesen in alle Welt hinaus. Leider mussten die Winzer durch die vorgeschriebene Mindestgröße einer Weinlage viele kleine Lagen in ihrer Gemarkung zusammenlegen. Dadurch verschwanden gleichzeitig mit dem Neuaufleben der alten Weinnamen auch viele von ihnen für immer von den Weinflaschen. Neue Einzellagen und sogenannte Großlagen wurden gebildet, die jeweils einen der alten und herkömmlichen Lagennamen tragen durften. „Eine Lage", bestimmt das Gesetz, „ist eine bestimmte Rebfläche (Einzellage) oder die Zusammenfassung solcher Flächen (Großlage), aus deren Erträgen gleichwertige Weine gleichartiger Geschmacksrichtung hergestellt zu werden pflegen und die in einer Gemeinde oder in mehreren Gemeinden desselben bestimmten Anbaugebietes gelegen sind."

Seither gibt es in der Pfalz dreihundertfünfunddreißig Einzellagen und sechsundzwanzig Großlagen. Sie sind in der „Weinbergsrolle" eingetragen, die bei der zuständigen Landwirtschaftskammer geführt wird.

Es wäre sicher eine reizvolle Aufgabe, alle „alten" Weinnamen aus der Pfalz aufzuführen und ihre Bedeutung zu untersuchen. Dieses Buch beschränkt sich darauf, „nur" die heute gebräuchlichen und heute käuflichen Weine der Pfalz zu nennen, ihre Namen zu untersuchen, wie sie heißen, und warum sie so heißen, wie sie heißen.

Die Rebe ist ein Riese

Die Rebe ist ein Methusalem unter den Pflanzen. Sie gehört zu den ältesten Kulturpflanzen auf dieser Erde, deren Früchte die Menschen sich zu Nutzen gemacht haben. Schon in der Bibel heißt es: „Und Noah fing an und ward ein Ackermann und pflanzte Weinberge."

„Man könte vielleicht daraus schliessen", schreibt ein Chronist, „dass er, wie viele dafür halten, der allererste in der Welt gewesen, so aus den Trauben den Wein gekeltert. Allein dieses ist nicht glaublich. Der Weinbau war, wie der Ackerbau schon vor der Sündfluth. Die Leute aßen, sie truncken, sie freyeten und liessen sich freyen, biß Noah zur Arche einging." Bei Matthäus steht im 24. Kapitel: *„Das Wasser* trincken würde sie nicht wild gemacht, und ihnen den Untergang verursachet haben." So muss es wohl der Wein gewesen sein, der die Menschen zu derart großer Sünde verleitet hat, dass Gott zornig wurde und „eine große Flut kommen ließ", sie zu vernichten.

Geschichtlich wird der Weinstock zum ersten Mal auf alten Schrifttafeln aus den Königsgräbern von Ur erwähnt. Dort steht geschrieben, dass König Sargon I. (2684-2630 vor Chr.) von einem Kriegszug „Weinstöcke, Feigen und Rosensträucher" mitbrachte. Und im Bericht eines Kaufmanns aus dem selben Lande Ur heißt es: „Dort lernte ich den Baum des fröhlichen Vergessens und der Vereinigung kennen. Dieser Baum wird älter denn Schildkröten, sieht aus wie eine hölzerne Schlange und ist eigentlich ein hässlicher Baum, doch hat er wunderbare Früchte."

Auch im Alten Ägypten war der Anbau von Reben weit verbreitet.

Unter der Herrschaft König Salomos lebten die Menschen wie es im Buch der Könige heißt, „alle in Sicherheit und Wohlstand. Jeder konnte ungestört unter seinem Feigenbaum und Weinstock sitzen." Sind die Zeiten des weisen Königs Salomo auch vorbei, in der Pfalz kann heute noch jeder, der will, unter Feigen und Rebstöcken sitzen und sich an ihren köstlichen Früchten laben.

Die Rebe ist ein Riese. Botanisch gesehen gehört sie zur Familie der Schlingpflanzen. *Vitaceae* heißen lateinisch die Weinrebengewächse. Als Klettersträucher streben und drängen sie in ihrem Wuchs stets nach oben, und ließe man ihrem wilden und ungestümen Wachstum freien Lauf, sie würden sich, alles umklammernd, was ihnen Halt bietet, wie Lianen in große Höhe winden. Bis zu zwanzig Meter hoch kann der Stamm einer ausgewachsenen Rebe werden.

In südeuropäischen Ländern haben sich Weinreben noch bis zum Mittelalter an Bäumen emporgerankt. In einzelnen Orten gibt es heute noch solche mächtigen Baumreben. Der wohl größte Weinstock der Erde steht im Schlossgarten von Hampton Court bei London. Er liefert über zwei Jahrhunderte lang die Tafeltrauben für den englischen Königshof. Dieser Rebstock wurde nachweislich 1768 gepflanzt, hat in Meterhöhe einen Umfang von fünfundsiebzig Zentimetern und füllt mit seinen Zweigen ein ganzes Gewächshaus.

Die Weinrebe, lateinisch *Vitis* genannt, ist als wild wachsende Rebe heute noch in Nordamerika weit verbreitet. Auch in China gibt es viele wilde Reben. Aus den Wildreben des Kaukasus, *Vitis caucasica*, und den wilden Reben Kleinasiens, *Vitis sylvestris*, hat sich allmählich die weintragende Rebe, *Vitis vinifera*, entwickelt. Ihr Verbreitungsgebiet war der gesamte Mittelmeerraum, einschließlich Nordwestafrikas und Palästinas. Aus diesen Reben, den rheinischen Wildreben, *Vitis arctica* und *Vitis teutonica*, und den Wildreben des Donauraumes entstanden dann

du leggft dir

alle fingr

nach einem

gimmeldingr

durch Selektion im Laufe der Jahrhunderte die „edlen Weinstöke" unserer heutigen Weinberge. Durch Kultivierung, Veredelung und gezielte Neuzüchtung bildeten sich all jene Rebsorten heraus, die uns in jedem Herbst so überaus vielfältige und rassige Weine bescheren.

Die Rebe ist ein Riese. Sie will nicht nur über der Erde hoch hinaus, ließe man sie denn. Sie geht, einmal gepflanzt, ihrer Aufgabe auch gründlich auf den Grund. Mit ihrer kräftigen und verzweigten Wurzel kann sich eine Rebe bis zu fünfzehn Meter tief in die Erde graben. Auch bei großer und lang anhaltender Trockenheit kann sie so genügend Wasser und Nährstoffe aus dem Boden ziehen.

Beim Bau ihrer Fachwerkhäuser haben die Menschen früher diese Fähigkeit der Rebe praktisch genutzt. Fachwerkhäuser waren nicht unterkellert. Sie standen auf festgestampftem Boden und waren der aus dem Erdreich aufsteigenden Feuchtigkeit schutzlos ausgesetzt. Es war schwer, Fachwerkwände trocken zu halten. Wurde aber eine Rebe an die Hauswand gesetzt, so hielt sie sowohl das Fundament als auch die Wände trocken. Neben ihren tiefen Hauptwurzeln bildet eine Rebe auch unendlich viele Suchwurzeln aus, die zusammengerechnet kilometerlang werden können. Mit diesem weitverzweigten Wurzelsystem weidet eine Hausrebe den Boden unter den Häusern und Höfen regelrecht ab nach Wasser und Nährstoffen und lässt keine Feuchtigkeit hochkommen. So war und sind die Reben an Pfälzer Winzerhäusern nicht nur ein willkommener und üppiger Sommerschmuck, sie haben, beziehungsweise hatten, zumindest in früheren keller- und kanalisationslosen Zeiten, auch eine sehr praktische Aufgabe als Hausisolierer zu erfüllen.

Riesen sind in der Regel groß und stark und werden uralt. Auch die Riesin *Vitis vinifera* macht da keine Ausnahme; auch sie kann uralt werden. Ein Weinberg in Rhodt unter

Rietburg erreicht ein Alter von über vierhundert Jahren und trägt dabei immer noch Früchte. Weinberge von hundert und mehr Jahren waren früher in der Pfalz keine Seltenheit. Voller Bewunderung und Ehrfurcht konnte man vor den beeindruckenden Gestalten und Formen der einzelnen Rebstöcke stehen. Heute wird ein Weinberg in der Regel nach fünfundzwanzig Jahren „ausgehauen", weil er seinem Besitzer dann nicht mehr genug Ertrag bringt. Oft fallen auch jüngere Rebanlagen der sogenannten fortschrittlichen Flurbereinigung zum Opfer.

Die Reblaus

Riesen, so groß und stark sie auch sein mögen, sind manchmal gegen ganz kleine Feinde anfällig und gar nicht gefeit. Man denke daran, wie der kleine David den großen Goliath besiegt hat oder an das gewitzte tapfere Schneiderlein. So ein kleines und dazu noch hinterlistiges Kerlchen brachte in der Mitte des vorigen Jahrhunderts den Weinbau in Europa in große Gefahr.

Ungefähr 1,35 Millimeter groß, gelbgrün bis bräunlich gefärbt, auf dem Rücken mit kleinen dunklen Punkten versehen, stach es mit seinem langen Rüssel, der hinten aus seinem Bauch herausragte, in die Wurzel der Reben, um ihnen die Nahrung auszusaugen.

Auf Schiffen aus Amerika war das kleine Biest eingeschleppt worden. In kurzer Zeit entpuppte sich die *Daktulosphaira vitifoliae* oder *gemeine Reblaus* als der gefährlichste Schädling, der den Reben begegnen konnte.

Das kleine lausige Vieh sticht in die Wurzel der Rebstöcke und saugt ihren Saft aus. Die Einstichstellen vergrößern sich und werden zu krebsartigen Wucherungen. Dann sterben die Wurzeln der Reben ab und in zwei bis drei Jahren kann ein ausgewachsener Rebstock am Ende sein.

Die Winzer in ganz Europa waren in großer Not. Sie mussten um ihre Existenz fürchten und suchten nach Mitteln, mit denen sie die Rebläuse bekämpfen und ausrotten konnten. Aber alle Versuche, die Seuchenstelle festzustellen, die befallenen Reben zu vernichten, Sicherheitsgürtel in der Gemarkung anzulegen, verstärkt chemische Mittel einzusetzen, hatten keinen dauerhaften Erfolg.

Die Rebläuse vermehrten sich ungehindert – wobei eine Mutterlaus bis zu achthundert Eier legen kann – und zerstörten Rebstock für Rebstock. Wingert für Wingert musste ausgehauen und aufgegeben werden. Noch im Jahre 1953 heißt es im „Pfalzwein-Almanach": „Die Reblausseuche hat in unserem pfälzischen Weinbaugebiet in einem Ausmaß um sich gegriffen, dass heute schon die Existenz zahlreicher Winzerbetriebe gefährdet ist."

Den Winzern in anderen Weinbaugebieten Deutschlands und Europas ging es nicht besser. Auch ihre Rebstöcke starben dahin. Der Weinbau in ganz Europa stand vor dem Ruin. Nach Jahrzehnten vergeblichen Kampfes gegen den Rebfeind Nr. 1 und fieberhafter Suche nach Gegenmitteln entdeckten Weinwissenschaftler, dass ausgerechnet die Reben in Amerika, in dem Land also, aus dem die Reblaus nach Europa eingeschleppt worden war, gegen das kleine gefährliche Biest resistent waren. Die amerikanischen Rebwurzeln schienen den Läusen nicht zu schmecken.

Sofort begann man, amerikanische Reben in großer Zahl nach Europa zu importieren und hier zu vermehren. Man pfropfte ihnen europäische Edelreben auf und machte die erfreuliche Erfahrung, dass die Rebläuse sowohl die Wurzelstöcke der „Amerikaner" in Ruhe ließen, als auch das Blattwerk der aufgepfropften „Europäer". Wieder lesen wir im „Pfalzwein-Almanach", einem einschlägigen Fachbuch für Winzer und Weinbaufachleute: „Der Anbau von reblauswiderstandsfähigen Pfropfreben ist die einzige Möglichkeit, unseren Weinbau zu erhalten." Und der Almanach ruft alle Winzer auf: „Erst die planmäßige Umstellung auf Pfropfreben sichert den Weinbau für die Zukunft". Das war noch 1953 so.

Die gemeine Reblaus
(Dactulosphaira vitifoliae)

In einer großen finanziellen wie arbeitsmäßigen Kraftanstrengung wurden über viele Jahre hin in allen Gemeinden die Wingerte auf gepfropfte Reben umgestellt. Dörrenbach war 1953 die erste pfälzische Weinbaugemeinde, die sämtliche Weinberge mit neuen reblaussicheren Reben bepflanzt hatte. Seit dieser Zeit werden alle europäischen Edelrebsorten nur noch auf amerikanische Unterlagsreben veredelt und übrigens auch in dieser Form nach Amerika exportiert und dort gepflanzt.

Von der Erziehung der Reben

Reben werden nicht wie Weizen oder Rüben auf dem Feld ausgesät und gehen dann wie diese tausendfach auf. Reben werden Stück für Stück durch Ableger einzeln vermehrt. Heute pfropfen kundige und geübte Hände in sogenannten Rebveredelungsanstalten oder Rebschulen jeweils ein „edles Reis" einer bestimmten Rebsorte auf eine reblausresistente Unterlagsrebe, die aus amerikanischen Wildreben gezüchtet wurde und die europäischen „Pfropfe" optimal ernähren. Die Einzelvermehrung durch Pfropfveredelung wird sehr gewissenhaft und behutsam durchgeführt. Sie ist der erste Schritt einer sorgfältigen Erziehung, die allen Reben in der Rebschule zuteil wird. Denn Rebstöcke müssen, genau wie Menschenkinder, sollen sie wachsen und gedeihen und in ihrem späteren Leben reichlich Früchte tragen, gut erzogen werden. Eine weitere wichtige Maßnahme für die Aufzucht junger Zöglinge ist, dass sie einen entsprechenden Rahmen erhalten, der ihnen Halt gibt, nach dem sie sich in ihrem Wachstum richten können und innerhalb dessen sie jederzeit wissen, „wo es lang geht". Würde man die Rebe, nachdem man sich mit ihrer Veredelung so viel Mühe gegeben hat, einfach nur aussetzen und sie wachsen lassen, wie sie wollte, sie würde, ihrer Natur folgend, nach allem greifen, woran sie glaubt, sich halten zu können. Das Ergebnis wäre nur Wildwuchs.

Und Wildwuchs bekommt auch jungen Menschen nicht gut, sagt man. Auch sie sollte man „nicht ins Kraut schießen lassen", sagt man. Denn auch dem Vorwärtsstreben junger Menschen ist es förderlich, wenn sie einen Rahmen haben, der ihrer Entwicklung eine vernünftige Richtung vorgibt, sagt man. Das sinnvolle Erziehungssystem einer

Rebenkultur ist heute ein Rahmen aus Holz und Draht. Zwischen armdicken Pfählen, in der Pfalz *Stiefel* oder *Stickel* genannt, werden drei bis sechs feste Drähte gespannt, die den Reben genug Halt bieten, dass sie sich daran festranken und emporwachsen können. Die Wingertspfähle werden in Zeilen ausgerichtet und geben so den Rebstöcken die Richtung vor, wie weit und wie hoch sie sich ausbreiten dürfen. Angetreten in Reih und Glied machen sie sich nützlich, was auch uns Menschen hin und wieder abverlangt wird, zu unser aller Nutz und Frommen, sagt man. Sind die Reben *gesetzt*, ist ein Weinberg *angelegt*, brauchen Rebstöcke ständige Pflege und fortdauernde *Erziehung*, sollen sie ihren Zweck und ihre Aufgabe erfüllen. Denn nur so werden sie den Winzern Trauben in den Qualitäten erbringen, die nötig sind, gute und begehrte Weine zu erzeugen. Im Winter, in den Monaten Dezember bis Februar, erfolgt in den Weinbergen der Rebschnitt. Alle Triebe, die ein Stock im Sommer mit seiner ganzen Kraft entwickelt und mit Trauben vollgehängt hat, werden jetzt, bis auf eine oder zwei Ruten und zwei *Zapfen* oder *Knebel*, abgeschnitten. Danach werden die verbliebenen Ruten nach unten gebogen und am untersten der Wingertsdrähte festgebunden. Durch das Biegen staut sich der Saft im *Holz*, was die Knospenbildung fördert. Beim Austreiben *bluten* die Reben aus den offenen Schnittstellen.

Erzogen werden geht nicht ohne Schmerzen ab. Die Frühjahrssonne lässt die Knospen austreiben. Aus den Knospen, den *Augen*, wachsen im April die Triebe. Wie Hände greifen die Ranken nach einem Halt und umschlingen in wenigen Stunden mehrmals einen Wingertsdraht. Die Zeit der Blüte im Juni ist eine wichtige Periode für die Rebe. Hier entscheidet das Wetter maßgeblich über die Menge des zu erwartenden Weines. Da die Rebe sich selbst befruchtet, braucht sie zur Bestäubung keine Insekten. Durch den Wind, wobei schon der leiseste Lufthauch genügt, werden die Pollen

37

zu den Staubbeutelchen an den Fruchtknoten geführt. Die Fruchtansätze in den *Gescheinen,* wie die Blüte der Rebe genannt wird, werden in etwa drei Wochen erbsengroß. Je größer sie werden, umso schwerer werden sie, und durch das zunehmende Gewicht kippt die bis dahin stehende Rispe nach unten um und zeigt dann deutlich die Form der dicht gedrängten *Traube.*

Bei schlechtem, nasskaltem Wetter während der Blütezeit der Reben kann es vorkommen, dass viele *Gescheine* nicht vollständig durchblühen. Viele Fruchtknoten werden bei dieser Witterung nicht dick und fallen ab. Sie *rieseln* auf den Boden. Entsprechend weniger Beeren hängen dann an dieser Traube. Der Sommer ist die üppigste Zeit im Jahreslauf einer Rebe. Alle Nährstoffe, die ihr Wurzelstock aus der Erde holt, schickt sie mit ihren Säften in das Reifen ihrer Traubenbeeren. Alle Wärme, die die Sonne ihr vom Himmel scheinen lässt, wandelt sie in ihren Blättern in Zucker um und leitet diesen über Adern vergleichbare Nährstoffleitbündel in die Beeren. Ihr Laub lässt sie in alle Richtungen wachsen. Manchmal muss der Winzer in seine Weinberge fahren, um die wild wuchernden Triebe zurückzuschneiden und den Reben Einhalt zu gebieten, damit sie mit ihrem Blattwerk nicht alle Trauben in den Schatten stellen.

Im Herbst kommt für die Reben die Zeit der Bewährung. Jetzt können sie beweisen, ob sie übers Jahr brave Zöglinge gewesen sind und alle Erwartungen, die die Winzer in sie gesetzt haben, auch erfüllt werden. Im Herbst zeigt sich, ob ihre mühevolle und aufwendige Erziehung Früchte getragen hat. Der Herbst ist die Zeit der *Lese.* Von vielen fleißigen Händen, im wahrsten Sinne des Wortes *handverlesen,* werden die einzelnen Traubengehänge, in der Pfalz *Trauwe* oder *Hängel* genannt, von den Rebstöcken geschnitten und Eimer und Bütten eifrig gefüllt.

Herbsttag

Herr: es ist Zeit.
Der Sommer
war sehr groß.
Leg deine Schatten
auf die Sonnenuhren
und auf den Fluren
laß die Winde los.
Befiehl den
letzten Früchten,
voll zu sein;
gib ihnen noch zwei
südlichere Tage,
dränge sie
zur Vollendung
hin und jage
die letzte Süße in
den schweren Wein.

(Rainer Maria Rilke)

Leider jagt der „Herr" im Herbst auch dunkle Wolken über den Pfälzer Himmel und schüttet oft genug tagelang Unmengen von Regen auf die Fluren, oder er hüllt die Weinberge an der Haardt in dichten, kalten Nebel. Dann frieren die fleißigen Hände, werden nass und klamm und es ist ihnen eine gar arge Plackerei, bei einem solchen Sauwetter Trauben von den Stöcken zu schneiden.

Leider gehört die Handweinlese schon fast der Vergangenheit an. Denn neuerdings werden die Trauben nicht mehr wie erlesene Früchte behandelt, sondern wie vieles andere Massenobst nur noch geerntet. Große, lärmende Ungeheuer, *Vollernter* genannt, nehmen die Rebstöcke gleich reihenweise unter ihre hochgestelzten Beine, rütteln und schütteln sie kräftig durch und kämmen dabei mit rotierenden Bürsten die Beeren von den Trauben.

Dem Gott des Weines sei Dank, dass diese moderne Methode der Qualität der Pfalzweine nichts anhaben kann. Obwohl vollerntergeerntet und bürstengeschüttelt, bleiben die Trauben süß und fruchtig, füllig und würzig und klären sich nach der Reife immer noch zu reinen, edlen und wohlschmeckenden Weinen.

Mostgewicht und Oechslegrade

Wer meint, die *Oechsle*, von denen in der Zeit der Weinlese, im *Herbst*, so viel die Rede ist, seien die Ochsen, die ein Bauer früher vorspannen musste, um einen besonders steilen Weinberg zu beackern, der irrt sich. *Oechsle* sind auch kein Maß aus alten Zeiten der Tauschwirtschaft, das besagte, wie viel Oechsle ein Winzer für ein Fuder Wein eintauschen konnte. Nein, Oechsle ist der Name eines schwäbischen Handwerkers, der ein für die Weinbereitung wichtiges und unentbehrliches Gerät erfunden hat, die nach ihm benannte *Oechslewaage*. Ferdinand Oechsle, 1744 in der Gold- und Schmuckstadt Pforzheim geboren, Mechaniker und Goldschmied von Beruf, konstruierte im Jahre 1800 eine Spindelsenkwaage, mit deren Hilfe das spezifische Gewicht des Mostes, das sogenannte *Mostgewicht*, nämlich der Zuckergehalt, gemessen werden konnte. Die *Oechslewaage* wird in ein zylindrisches Glas- oder Blechgefäß, das *Schoppenblech*, mit frischem Most hineingetaucht und abgesenkt. Ist der Zuckergehalt des Mostes niedrig, sinkt die Spindel nach unten. Je höher aber der Zuckergehalt, also die Dichte des Traubensaftes ist, umso höher schwimmt die Spindel im Zylinder oben. Auf einer Skala der Waage kann der jeweilige Zuckergehalt des Mostes dann in *Oechslegraden* abgelesen werden.

Im Weinberg benutzen die Winzer das sogenannte *Handrefraktometer* zur Ermittlung des Mostgewichtes. Aus einer einzelnen Beere wird ein Safttropfen gepresst und dann auf optischem Wege, durch Messen der Lichtbrechung, der Zuckergehalt des Saftes in Oechslegraden abgelesen. Da bei der Weingärung wie bei der Gärung aus dem Zucker Alkohol entsteht, lässt sich schon aus der Zuckerdichte im Most der spätere Alkoholgehalt des Weines annähernd errechnen. Bezogen auf einen Liter Wasser, der genau tausend Gramm wiegt, ist beispielsweise ein Most mit 60 Grad Oechsle 1060 Gramm schwer. Aus einem solchen Most wird später ein guter Qualitätswein mit 6 - 7 % Alkohol werden.

Misst ein Traubensaft mehr als 75 Grad Oechsle, so weiß der Winzer, dass er hier eine Spätlese mit etwa 12 % Alkohol vor sich hat. Deswegen hat er diese Trauben auch lange in der warmen Herbstsonne hängen lassen und sie erst spät gelesen, damit die Beeren recht süß werden und viel Zucker ansammeln konnten. Ab 83 Grad Oechsle darf ein Wein die Auszeichnung für sich beanspruchen, *Auslese* genannt zu werden. Die Beerenauslesen, spät gelesen und dann nur aus ausgelesenen, edelfaulen und überreifen Beeren gekeltert, bringen es auf über 110 Grad Oechsle. Ebenso die sogenannten *Eisweine*, deren Trauben im Dezember als *Nikolauswein* oder an einem eisigen Januar- oder Februarmorgen bei mindestens minus 7 Grad Frost gelesen werden müssen und, was genauso wichtig ist, auch im gefrorenen Zustand gekeltert werden müssen.

Noch höhere Oechslegrade, bis zu 150 Grad, erreichen *Trockenbeerenauslesen*. Hier keltert der Winzer nur die von der Sonne schon zu halben Rosinen geschrumpelten und prall und konzentriert mit Zucker gefüllten „trockenen" Beeren. In außergewöhnlichen Sonnen- und Weinjahren können *Oechsle* richtige Rekorde erreichen: Absolute Spitzenweine erreichen sogar 200 Grad und mehr. 1952 wurde an der Mittelhaardt ein Most mit 212 Grad Oechsle gemessen, zuvor im Jahre 1921 erreichte ein Traubensaft die Rekordmarke von 252 Grad Oechsle. Die bisher höchste Marke erreichte 1971, ihrem Namen alle Ehre machend, eine Siegerrebe-Trockenbeerenauslese aus der Gemeinde Nußdorf bei Landau mit einem Mostgewicht von 326 Grad Oechsle.

Von Riesling, Ruländer und anderen Rebsorten

Über Geschmack lässt sich nicht streiten, denn die Geschmäcker sind bekanntlich verschieden. Der eine liebt es mild und zart, der andere kräftig und würzig. Dieser mag es süß und fruchtig, jener trocken und herb. Andere schätzen es feurig und hitzig, doch viele auch duftig und kühl.

Jeder, der genießen kann, hat seinen eigenen Geschmack und seine eigenen Vorlieben, die sich nach Stimmung und Laune auch ändern können. Fröhlich und ausgelassen werden wir wohl eher zu einem leichten und spritzigen Weißwein greifen, der unsere Sangesfreude und Redelust beflügeln wird. Sind wir dagegen nachdenklich und suchen im ernsten Gespräch nach dem Sinn des Lebens und dem richtigen Lauf der Welt, so wird ein schwerblütiger Rotwein der bessere Partner sein. In jedem Falle wird es gut sein, wenn sich unser Geschmack mit dem Geschmack des jeweiligen Weines gut versteht. Dann wird es keine Verständigungsprobleme geben.

Das Bukett eines Weines entfaltet sich zuerst im Glas. Dann steigt er uns in die Nase, läuft über die Zunge, streichelt unseren Gaumen, schmeichelt unserer Kehle, um schließlich unserem Geist Flügel und unserem Herzen Schwingen zu verleihen. Viele Komponenten bestimmen den Geschmack eines Weines: Sonne, Erde, Lage, Klima. Seinen Grundgeschmack erhält jeder Wein jedoch von seiner Rebsorte. Und der Vielfalt der verschiedenen Rebsorten verdanken wir es, dass für jeden Geschmack auch ein entsprechender und ansprechender Wein angeboten werden kann.

Der pfälzische Weinbau ist in der glücklichen Lage, dass auf seinen fruchtbaren Böden viele unterschiedliche Rebsorten angebaut werden. Mit den Weinen aus all diesen Sorten sind sämtliche Geschmacksrichtungen und Vorlieben der Weinfreunde und Weinkenner zu erfüllen.

Mehr als ein Dutzend alter, traditioneller und neu gezüchteter Rebsorten werden zwischen Haardt und Rhein entlang der Deutschen Weinstraße in fast allen Weinbaugemeinden angebaut. Darüber hinaus pflegen noch einzelne Winzer auf kleinen und ausgesuchten Flächen seltenere Rebsorten in geringen Mengen.

Der Wein ist unter den Getränken das Nützlichste, unter den Arzneien die Schmackhafteste, unter den Nahrungsmitteln das Angenehmste.

(Plutarch,
griechischer Schriftsteller
und Philosoph)

Der Riesling

Zu den edelsten Rebsorten gehört zweifellos der Riesling. Er gilt als der „König der deutschen Weine". Jeder Winzer in der Pfalz ist bestrebt, sein Weinsortiment mit einem oder mehreren Rieslingweinen abzurunden und zu krönen. Der Name *Riesling* könnte von jenem *edlen Reis* stammen, das schon früh aus der rheinischen Wildrebe veredelt wurde. Oder brachte König Ludwig der Deutsche diesen *Riesling* an den Rhein und in die Pfalz, damals, als das Reich Karls des Großen unter seine drei Enkel aufgeteilt wurde und Ludwig die Pfalz erhielt, „propter vini copiam", „der Fülle des Weines wegen", wie es in der Urkunde heißt?

Vielleicht kommt der Name aber auch von dem sogenannten *Verrieseln*, auch *Durchrieseln* oder *Ausrieseln* genannt, wenn die *Gescheine*, die Blüten der Rebe bei zu kaltem und nassem Juniwetter, in der sogenannten Schafskälte, ihre zu kleinen Fruchtknoten verlieren, die dann zu Boden *rieseln*.

Die Trauben der Rieslingrebe sind klein, rund und unscheinbar. Sie haben eine dicke Haut, harte Kerne und schmecken ziemlich sauer. Als Tafeltraube ist der Riesling deswegen wenig geeignet. Seine reichliche Fruchtsäure verleiht dem Riesling aber als Wein eine leichte und elegante Art und schenkt ihm ein schönes Aroma. Der Rieslingwein ist ein herzhafter Wein. Er schmeckt kräftig, fruchtig und markant. Er regt zum Weintrinken an, ist einer, von dem man gern ein *Maul voll* nimmt und bleibt doch immer bekömmlich.

Der Silvaner

Vom lateinischen Wort *silva* für Wald scheint diese Rebsorte ihren Namen zu haben. Als Wild- oder Waldrebe *Silvana* wurde sie aus den Wäldern Transsilvaniens, von deutschen Siedlern Siebenbürgen genannt, kultiviert und veredelt. Im 16. Jahrhundert kam die Rebe von Österreich über die Donau nach Franken an den Main. Alte Winzer in der Pfalz nennen sie heute noch *Österreicher* oder *Franke*. In der Pfalz breitete sich der Silvaner im 18. und 19. Jahrhundert aus und war zeitweise die am meisten angebaute Rebsorte.

Die Beeren der Silvanertraube sind rund, ihre Farbe ist grün bis gelbgrün. Im Herbst können sie, bei entsprechender Sonneneinstrahlung, sogar goldgelb werden. Wegen ihres klaren, milden und fruchtigen Geschmacks eignen sie sich gut zum Verzehr. Deswegen sind Silvanerweinberge bei den Herbstleuten immer sehr beliebt. Die Winzersfrau pflegte während der Lese zu den Leserinnen oft zu sagen: „Singen, ihr Mädle, ich hör's so gern!" Denn beim Singen konnten die *Mädle* keine Trauben essen.

Der Silvaner ist süffig und bukettmäßig neutral. Beim Essen schmeckt er zu fast allen Speisen. Er hat wenig Säure, ist vollmundig und körperreich, kann jedoch, auf Lössboden angebaut, auch sehr kräftig und duftig werden.

Der Kerner

Wenn dem Rebenzüchter August Herold aus Weinsberg in Württemberg der Name seiner Heimatstadt Antrieb und Verpflichtung war, sein berufliches Leben dem Wein und den Reben zu widmen, so ist ihm mit der Entwicklung der *Kerner Rebe* ein großer Erfolg beschieden gewesen. Die Neuzüchtung aus Trollinger und Riesling eroberte sich die Weinberge der Pfalz im Sturm. Die nach dem Dichter Justinus Kerner benannte Rebe war ein großer Gewinn für den pfälzischen Weinanbau. Der Kerner hat seit seiner Einführung die Silvanerrebe stark zurückgedrängt und wird heute häufig in deren früheren Anlagen angebaut.

Die Beeren des Kerner sind mittelgroß, rund und färben sich grün bis gelblich. Sie haben eine feste Schale und schmecken recht fruchtig.

Kernerweine sind sehr ansprechend, lebhaft und harmonisch. Sie sind in der Regel frisch und fruchtig. Auf schweren Böden entwickeln sie ein zartes Muskatbukett. Leichte Böden dagegen verleihen ihnen eher einen rieslingnahen Geschmack.

Der Müller-Thurgau

Diese Rebe ist eine moderne, relativ junge Sorte. Sie wurde vor etwa hundert Jahren von dem Schweizer Weinwissenschaftler Professor Dr. Hermann Müller aus Thurgau geschaffen. Er kreuzte eine Rieslingrebe mit einer Silvanerrebe und züchtete daraus diese neue Sorte. Seitdem trägt sie seinen Namen: *Müller-Thurgau*. In der Schweiz heißen die Rebe und der Wein aber heute noch *Riesling mal Silvaner*, auch als *Rivaner* zugelassen, woraus sich wieder mal ersehen lässt, wie wenig ein Prophet im eigenen Land gilt.

Die Trauben der Müller-Thurgau-Rebe sind in der Form oval und in der Farbe gelblich grün. Sie schmecken fruchtig süß und sind dezent aromatisch.

Müller-Thurgau-Weine haben einen angenehmen Geschmack. Sie sind leicht und mild und werden als duftig und blumig empfunden. Peter Fuchss sagt von ihnen: „Sie sollten jung getrunken werden, weil sie in diesem Stadium mit einem feinen, würzigen Ton und einer beschwingten, charmanten Art am besten überzeugen."

Adel aus Burgund

Wird der Riesling zu recht „König der deutschen Weine"
genannt, so sind seine burgundischen Verwandten von
mindestens ebenso edler Abstammung.

Die *Pinot noir* ist eine besonders alte rote Rebsorte, die
schon vor mehr als 2000 Jahren angebaut wurde. Ihren
Namen hat sie vom französischen
Wort *pin* für *Pinie*, weil ihre Traubenbeeren aussehen wie kleine
Kiefern- bzw. Pinienzapfen. Aus
Burgund, das damals noch zum
Reich Karls des Großen gehörte,
kam die Rebe im 7. Jahrhundert
nach Deutschland durch Mönche, die sie in ihren Klostergärten
anpflanzten.

Der Pinot noir hat viele Namen: Seine alte französische
Bezeichnung ist *Morillon noir*. In Österreich heißen die
Rebe und ihr Wein: *Blauer Burgunder, Blauburgunder, Blau-
er Spätburgunder*. In der Schweiz nennt man sie: *Clävner,
Clevner, Klävner, Klebrot, Klevner, Pignola* in Italien, *Pinot
negro* in Argentinien und *Spätburgunder* in Deutschland.

Der Spätburgunder gilt als Urform des Burgunders.
Beim Grauburgunder (*Pinot gris*), der in Deutschland auch
Ruländer genannt wird, handelt es sich um eine Ausblei-
chung, eine helle Knospenmutation des Pinot noir, wobei sich wiederum der Weiße Burgunder (*Pinot blanc*) als
Fortsetzung dieser Mutation aus dem Grauen Burgunder
entwickelt hat.

Der Blaue Spätburgunder

Zum Adel der Rotweinsorten zählt zweifellos der Blaue Spätburgunder. Sein Herkunftsland ist Frankreich. Aus Burgund, der Hochburg des französischen Rotweinanbaus kommt der *Pinot noir*, der *Schwarze Pinot*, wie er in seiner Heimat genannt wird. Die Rebsorte gilt als Stammform aller Burgunderarten, die sich während der Wachstumszeit auch kaum voneinander unterscheiden lassen.

Erst wenn die Trauben reifen und die Beeren des Blauen Spätburgunders sich tiefblau färben, wird deutlich, welch einzigartiger Rotwein aus ihnen entstehen wird. Blaue Burgundertrauben sind klein, rund und haben nicht viel Saft. Aber sie schmecken charakteristisch süß. Der hohe Farbstoffgehalt der Beerenschale macht den Wein rubinrot bis tief dunkelrot.

Spätburgunder-Weine sind sehr gehaltvoll und vollmundig. Sie haben viel Feuer und schmecken samtig und warm. Ihr kräftiges und würziges Aroma ist typisch für diese Sorte Rotwein.

Der Grauburgunder oder Ruländer

Eine Mutation des Blauen Spätburgunders ist der *Pinot gris*, der *Graue Burgunder*. Er kam aus der Champagne nach Deutschland und ist als *Ruländer* wohl der pfälzischste der Pfalzweine. Woher er seinen Namen hat, erzählt Magister Georg Litzel in seiner „Historischen Nachricht von dem Rheinwein" aus dem Jahre 1758 folgendermaßen:

„§.13. Wir alle, die zu Speyer leben, wissen, woher der Rulandswein seinen Namen habe. Aber denen, die es nicht wissen, und den Nachkömmlingen zu Liebe will ich es sagen. Er hat seinen Namen von einem Speyerischen Burger und Handelsmann, Joh. Seger Ruland. Dessen Leben ist kürtzlich dieses. Er ist gebohren 1683 zu Nieder Erlenbach, Franckfurtischer Herrschaft. Er lernete die Handlung zu Straßburg und diente im Büttnerischen Laden zu Speyer. Hieselbst heurathete er 1705 die Anna Maria des Hr. Burgermeisters Sigm. Heinr. Stegmanns Jfr. Tochter. Dieser starb bald darauf, und er that ein reiches Erbgut ein. Er kaufte den in Asche liegenden Peuckertischen Platz, und bauete das Eckhauß zur rechten Seiten der Schustergasse. Er kaufte 1709 den in der Vorstadt in der Streichergasse liegenden Garten, von dem bey der 1689 geschehenen

51

Französischen Einäscherung der Stadt gewesenen Conrector Joh. Heinr. Seuffert, nachmaliger Rector zu Heilbronn. Er starb 1745 und seine Ehefrau 1753.

§.14. Nun will ich die Geschichte von der Erfindung und Aufnahme des köstlichen Rulandsweins erzehlen. Als unser Ruland etliche Jahre den bemeldten Garten in Besitz gehabt, und zween Rebstöcke, davon einer noch jetzo vorhanden ist, von unkantbarm Namen darinnen gefunden, hat er sich entschlossen, die Trauben besonders zu lesen, auszupressen, und den Wein in ein klein Fäßlein zu legen. Er that es auch, und legte das Fäßlein in den Keller des Gartenhauses. Der folgende Sommer war sehr heiß, Mann und Weib waren im Garten, und bekamen Durst. Sie erinnerten sich ihres Fäßleins, und wolten eine Probe von dem Wein machen. Der Wein war süß und lieblich, und ehe sie es sich versahen, war er ihnen im Kopf. Es mag ihnen fast ergangen seyn wie dem Noah, da er das erstemal seinen Wein kostete.

§.15. Des anderen Tags hat sich der Ruland über das heimliche Feuer des Weins verwundert. Er hat sich deswegen vorgenommen, von diesen beyden Stöcken noch mehrere zu pflantzen. Bald anfänglich hat er von den jungen auf den von dem Rector Seuffert erkauften Acker auf der Landauer Strasse etliche gesetzet. Aber ein gewisser Gärtner hat sich ihm aus Neid u. Mißgunst, doch zu seinem eigenen grossen Schaden, abgeschnitten, und ihn um diese gute Art zu bringen gesucht.

§.16. Die Pflantzungen der jungen von den alten behielt doch ihren Fortgang, und es wurde endlich eine Handelschaft daraus …"

Seinen Wein hat Ruland dem Bischof vorgestellt; der war von der Qualität tief beeindruckt und ordnete an, die Sorte in den kirchlichen Weingärten vermehrt anzubauen. Ruland wurde hoch geehrt, die Sorte erhielt den Namen *Rulander*, woraus schließlich *Ruländer* wurde.

Die Beeren der Ruländerrebe sind klein, leicht oval, mit dünner Haut, ähnlich den Beeren des Spätburgunders. Sie färben sich jedoch nur leicht rötlich bis rotbraun. Sie schmecken recht aromatisch und sehr süß.

Ruländerweine sind kräftig und vollmundig, sehr körperreich und füllig mit dem zarten verhaltenen bis opulenten Bukett dieser Sorte. „Wer sie richtig kosten und genießen will, darf es nicht eilig haben", schreibt ein Weinkenner.

*Für Sorgen sorgt
das liebe Leben.
Und Sorgenbrecher
sind die Reben.*

(Johann Wolfgang von Goethe)

Der Weißburgunder

Der Ursprung dieser Weißweinrebe liegt im 14. Jahrhundert. Sie zählt zur großen Familie der Burgunder. Die Rebe ist eine Fortsetzung der Mutationskette *Spätburgunder – Grauburgunder – Weißburgunder*.

Die Trauben der Weißen Burgunderrebe sind, ähnlich denen der Rieslingrebe, klein, walzenförmig bis rund mit grünen Beeren, die an der Sonnenseite meist gelb werden. Weißburgunderweine haben eine gefällige Art mit einer schlichten und dezenten Blume und einer angepassten Säure. Es sind elegante und harmonische Weine. Sie haben ein dezentes Aroma, das häufig an grüne Nüsse, Birne, Apfel, Quitte, Aprikose, Zitrusfrüchte oder frische Ananas oder Melonen erinnert.

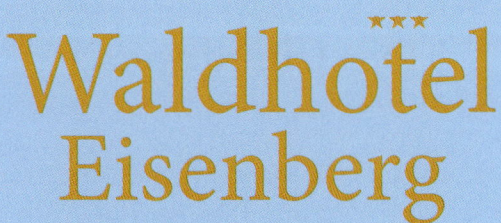

Waldhotel
Eisenberg

Martin-Luther-Straße 20
67304 Eisenberg

Telefon: 06351 - 12 47 03
Telefax: 06351 - 12 47 05

E-Mail:
info@waldhotel-eisenberg.de

Homepage:
www.waldhotel-eisenberg.de

Anzeige

Der Chardonnay

Die Chardonnayrebe ist eine der populärsten Reben in der Welt. Wie viele andere alte Rebsorten hat auch sie ihren Ursprung in Vorderasien und dem Libanon.

Mit der Ausbreitung der Weinkultur kam die Sorte nach Frankreich und fand in Burgund eine neue Heimat. Ein kleiner Flecken bei Tournus namens „Chardonnay", was so viel heißt wie *Disteln auf dem Feld*, könnte der Sorte ihren Namen gegeben haben.

Die Chardonnayrebe ist das Ergebnis einer natürlichen Kreuzung von *Pinot* und *Gouais blanc* (*Heunisch*). Mittelgroß, grüngelb und kompakt sind die Trauben, bei Vollreife werden sie bernsteinfarben. Das Aroma der Chardonnayweine erinnert an Melone, Grapefruit oder an überreife Stachelbeeren. Beim Ausbau im Barrique ergänzt die Holznote die primären Fruchtaromen.

Der Schwarzriesling

Dieser Rebstock wird eigentlich zu Unrecht als Riesling bezeichnet, wiewohl er vom Namensgleichklang mit der edlen Rieslingrebe nur profitieren kann. Der Schwarzriesling ist ein echter Abkömmling aus der vornehmen burgundischen Familie der Pinots. Er stellt eine uralte Mutante des Blauen Spätburgunders dar. Ihren Namen hat die ursprünglich *Müllerrebe* (*Pinot meunier*) genannte Sorte von dem feinen Mehlstaub, mit dem ihre hell behaarten Blätter und Triebspitzen bedeckt scheinen.

Die Beeren des Schwarzriesling ähneln in der Form und Farbe denen des Blauen Spätburgunders. Sie schmecken wegen ihrer harten Schale und ihren vielen Kernen nicht besonders gut, zumal sie auch recht sauer sind.

Ein Schwarzrieslingwein, der für einen Rotwein eine kräftige Säure hat, besitzt einen feinen, milden und duftigen Geschmack und leuchtet in voller roter Farbe im Glas.

Der Gewürztraminer

Die Traminerrebe kommt aus dem Tirolischen. Der Weinort Tramin in Südtirol, in der Nähe von Bozen gelegen, kann als seine Heimat angesehen werden. Je nach der Intensität seines Buketts, ob es schwach oder stärker ausgebildet ist, wird der Wein *Traminer* oder *Gewürztraminer* genannt. Sein offizieller Name ist *Roter Traminer*. Im pfälzischen Dialekt wird er *Drei Männer* genannt.

In der Pfalz wird der Gewürztraminer heute überall auf kleinen, ausgesuchten Flächen angebaut. In früheren Zeiten waren Orte wie Rhodt unter Rietburg, Schweigen oder Ruppertsberg traditionelle Traminerdörfer, die den Anbau dieser Rebe in besonderem Maße pflegten.

Gewürztraminertrauben haben kleine, runde, hellrote bis rotbraune Beeren, die, obwohl sehr süß, wegen ihrer Kleinbeerigkeit nicht gut zu essen sind.

Die Weine dieser Rebsorte gehören in die Spitzengruppe der großen Weißweine. Sie sind ausgesprochene Liebhaberweine. Ihrem Namen alle Ehre machend, schmecken sie nachhaltig würzig. Sie sind kräftig und haben wenig Säure. Ihr intensives, feines Bukett kann an den Duft wilder Rosen erinnern. Seine Bukettstoffe und ätherischen Öle machen den Gewürztraminer schwer verdaulich und deshalb weniger bekömmlich als andere Weine. Macht ein Rieslingsrausch leicht und beschwingt und hinterlässt am nächsten Morgen höchstens ein leises Schnurren, so wirkt über die Maßen genossener Traminer viel nachhaltiger und intensiver, und der Kopf brummt beim Erwachen eher wie ein ausgewachsener und schlecht gelaunter Kater.

Der Morio-Muskat

Die Rebe ist eine pfälzische Züchtung. Peter Morio vom Rebforschungsinstitut Geilweilerhof in Siebeldingen in der Nähe von Landau ist diese Sorte zu verdanken. Morio kreuzte Silvaner mit Weißem Burgunder, zwei neutrale Rebsorten, und entwickelte daraus die neue Sorte, die wegen ihres starken und prägnanten Muskattons neben dem Namen ihres Züchters auch den Namen ihres Geschmacks trägt.

Morio-Muskat-Trauben haben große runde und gelbliche Beeren mit einer sehr dünnen Haut. Das macht sie sehr anfällig gegen Fäulnis. Frisch schmecken sie mild, sehr aromatisch und nach Muskat.

Die Morio-Muskat-Weine zeichnen sich durch ein auffälliges Muskatbukett aus. Sie besitzen eine frische, anregende Säure, sind blumig und aromatisch, füllig, wuchtig und sehr süffig.

Die Scheurebe

Im rheinhessischen Alzey, von Georg Scheu gezüchtet, hat diese Rebsorte einen festen Platz im pfälzischen Rebsortiment gefunden. Aus Silvaner und Riesling gekreuzt, liefert die Scheurebe Qualitätsweine mit Bukett und stellt eine wertvolle Ergänzung zum Riesling dar.

Ursprünglich sollte die neue Sorte *Scheus Riesling* heißen; aber in pfälzischer Mundart und Umgangssprache ausgesprochen, hätte sich Scheus Riesling immer wie *Scheißriesling* angehört, und das wäre dem Wert und der Qualität dieses Weines weder angemessen noch förderlich gewesen. Deswegen entschloss man sich, die neue Sorte doch lieber nur *Scheurebe* zu nennen.

Die Beeren der Scheurebe sind mittelgroß und von grüner Farbe. Sie schmecken aromatisch und fruchtig, sind aber wegen ihrer harten Schale nicht als Tafeltrauben begehrt. Hohe Mostgewichte, gepaart mit einer harmonischen und fruchtigen Säure ermöglichen es den Winzern, aus der Scheurebe Prädikatsweine jeder Stufe zu erzielen. Sie zählen zu den Spitzengewächsen der Pfalz. Scheurebweine sind rassig und körperreich und besitzen gelegentlich ein Bukett, das an schwarze Johannisbeeren, Stachelbeeren und Pfirsiche erinnert. Auf leichten Böden angebaut, wirken diese Weine sehr elegant und nähern sich im Geschmack den Rieslingweinen an.

Bad Dürkheim

Das Gasthaus mit Tradition

Gastfreundschaft erleben!

Genießen Sie, nach einer tollen Wanderung, die malerische Atmosphäre bei einem guten Glas Wein und ausgezeichneter Küche!

Zusätzliche Empfehlungskarte passend zur Jahreszeit

Hausgebackene Kuchen - auch zum Mitnehmen

Immer werktags gut-bürgerliches Tagesessen aus Oma's Kochbuch

Dienstag - Sonntag durchgehend Küche ab 11:30 Uhr

Alte Schmelz 1
67098 Bad Dürkheim

Tel.: 0 63 22 / 85 83
info@die-alte-schmelz.de

www.die-alte-schmelz.de

Anzeige

Der Portugieser

Seinem Namen nach könnte der Portugieser aus dem Rotweingebiet Portugals stammen. Es gibt allerdings nicht wenig Experten, die das bezweifeln. Es ist nicht sicher, ob eine solche Rebsorte jemals in Portugal angebaut worden ist. 1770 soll die Rebe nach Österreich gebracht worden sein. Vielleicht brachten sie portugiesische Händler nach Wien oder sie kam zusammen mit anderen Waren aus Portugal. Dann hätte sie möglicherweise diesem Umstand ihren Namen zu verdanken. Mitte des 19. Jahrhunderts wurde der Portugieser in das pfälzische Weinbaugebiet eingeführt. Hier hat sich die Rebe, heute nicht unbedingt in großen Mengen angebaut, zu einer Spezialität entwickelt, die von Weinkennern sehr geschätzt wird. In den fünfziger Jahren waren bis zu fünfundzwanzig Prozent der Anbauflächen mit Portugieserreben besetzt. Die Portugiesertrauben sind rund, werden pflaumengroß und gehören zu den ersten im Jahreslauf, die reif werden. Ihr Fruchtfleisch ist von angenehmer Süße.

Die Rebsorte liefert einen milden, nicht allzu schweren, süffigen und gut verträglichen Rotwein. Er ist heller als der dunkle Burgunder. Der Farbstoffgehalt in seinen Beerenschalen ist relativ gering. Das ist mit ein Grund, warum aus Portugiesertrauben gerne ansprechende und fruchtige Weißherbstweine erzeugt werden.

Der Dornfelder

Diese Rebe gehört zu den jüngeren Sorten. Sie ist das Ergebnis einer Kreuzung aus *Heroldrebe* und *Helfensteiner*. Ihre Namensgebung war eine Huldigung an Immanuel Dornfeld. Seines Zeichens Kammerverwalter, gab er 1868 die Anregung zur Gründung der Lehr- und Versuchsanstalt für Wein- und Obstbau im württembergischen Weinsberg.

Entwickelt wurde die Dornfelder Rebe 1955 von dem Rebenzüchter August Herold, aus dessen umfangreichen Arbeiten auch der Kerner und die seinen Namen tragende Heroldrebe hervorgegangen sind.

Die Trauben der Dornfelderrebe sind groß, rundlich und tief blauschwarz. Dornfelder Weine entwickeln eine intensive dunkelrote Farbe. Sie haben einen Duft, der an reife Sauerkirschen erinnert. Dornfelder sind gehaltvolle, samtige Rotweine, sehr körperreich und stoffig. Fruchtig und gerbstoffbetont entwickeln sie eine milde bis rassige Säure.

Von Gänsfüßer, Gutedel und Hammelhoden

Traditionelle Rebarten und Neuzüchtungen bilden die Grundlage für den Weinbau in der Pfalz. Die Mischung aus altbewährten Sorten und neu erprobten Reben ermöglicht das vielfältige Angebot von Pfälzer Qualitäts-, Prädikats- und Spitzenweinen. Doch viele alte, heute nicht mehr angebaute Rebsorten, die in früheren Jahrhunderten zwischen Rhein und Haardt heimisch waren, kennt man nur noch dem Namen nach: Aus alten Schriften um 1500 sind Weinreben bekannt, die auf den Namen hören wie *Gänsfüßer* oder *Harthengst*, *Druscht*, oder *Hynsch*. Es gab den *Gutedel* und eine dem Gutedel ähnliche Traube, die *Geisdutten* oder *Hammelhoden* genannt wurden. Diese Rebe stammte wahrscheinlich noch aus römischer Zeit. Ein hohes Alter hatte auch die Rebart *Alban* oder *Elben*, auch *Albig* und in der Gegend von Landau *Elbling* geheißen.

Der Chronist M.G. Litzel schreibt 1758: „Es sind noch andere Arten der Weinstöcke, die gut und im Gebrauch sind. Ich will sie den Namen nach anzeigen: Es sind ‚Rüßling‘, ‚Tramänner‘, ‚Feldliner‘, ‚Muscateller‘, ‚Gutedel‘, ‚Malvasier‘, ‚Burgunder‘ ‚Möhrlein‘ oder ‚Frühschwartz‘, ‚Gänsfüßer‘, ‚Frentsch‘ ‚Alben‘.“

Die alten Rebsorten „wurden aber nicht wie heute im ‚reinen Satz‘, d.h. nur eine Rebsorte im Weinberg, angepflanzt, sondern als Sortengemisch, z. B. Riesling, Traminer und Elbling gepflanzt. Davon brachte der Riesling eine stabile Säure, der Traminer Reife und Würze und der Elbling Menge, sodass die Erzeugung über die Klimaschwankungen der Jahre hinaus relativ stabil war", schreibt Peter Fuchss in seiner *Vinothek*. In der ersten umfassenden Beschreibung des Weinbaus in der Pfalz, einem Werk des Apothekers und Weingutbesitzers in Wiesloch, Johann Philipp Bronner, mit dem Titel: „Der Weinbau am Haardtgebirge von Landau bis Worms" aus dem Jahre 1833 heißt es über die Rebsorten der pfälzischen Gemeinden: „Der Rebsatz ist fast durchgehends gemengt. Ausnahmen hievon machen Rhodt und Ruppertsberg, welche fast lauter Traminer bauen. Gräfenhausen bauet zur Hälfte Burgunder, zur Hälfte Albig und Gutedel. Von Landau bis Maikammer ist fast durchgehehends Gutedelbau. Edenkoben erzielht aber zur Hälfte Traminer, besonders auf der Seite gegen Rhodt. Dittersfeld hat auch etwas Traminer. Hambach hat Gutedel, Rießling und viel Malvaster (Trollinger). Neustadt gemischt, die Haardt, Gimmeldingen und Königsbach haben Rießling und Albig, letztere zwey Orte ziehen etwas rothen Wein aus Gelbhölzer. Muschenbach hat zur Hälfte Traminer, zur Hälfte Oestreicher. Deidesheim hat auf seiner besten südlichen Lage Rießling, auf der Ebene gegen Niederkirchen Traminer, und auf einer großen nördlichen Ausdehnung gegen Forst Sylvaner (Oestreicher). Forst hat größtentheils Rießling. Wachenheim gemengt aus Rießling, Traminer und Oestreicher. Türkheim wegen vielen geringen Lagen bauet besonders Oestreicher in den guten Rießling. Ungstein hat gemengten Satz, Kahlstadt und Herxheim deßgleichen, jedoch in letzterem mehr Rießling. Diese Angaben bilden nur die allgemeine Übersicht. Natürlich finden sich in jedem Orte wieder einzelne Liebhabereien vor, die aber nicht hierher gehören."

Wie die Trauben der alten Rebsorten geschmeckt haben, ist nicht überliefert. Wohl wissen wir aber, dass die Weine aus diesen Reben als Kräuterweine oder mit Honig gesüßt und gewürzt getrunken wurden und ihre Haltbarkeit nicht lange anhielt, weil die stabilisierende Wirkung verbrannten Schwefels erst später erkannt wurde.

Gepaart und gekreuzt

Es scheint dem Menschen, besonders, wenn er ein Mann ist, eigen zu sein, der Natur seinen Willen aufpfropfen und ihr neue Formen abtrotzen und abringen zu wollen. Aus Forscherdrang und Züchterehrgeiz sind so in Rebzuchtanstalten und Landeslehr- und Forschungsanstalten immer wieder Neuzüchtungen von Reben versucht und mit Erfolg durchgeführt worden. Einige dieser neuen Sorten konnten sich in der Pfalz großflächig durchsetzen, wenn ihre Ertragsfähigkeit und ihre Widerstandskraft den „Marktbedingungen" entsprachen. Die *Müller-Thurgau-*, *Kerner-* und *Scheurebe* sind Beispiele dafür.

Die meisten der neu gezüchteten Sorten sind jedoch auf kleine Anbauflächen beschränkt geblieben. Sie werden von einzelnen Winzern und Weingütern in ausgesuchten Lagen gepflegt, wenn die Bodenbeschaffenheit des Weinbergs für die Eigenart und die Anforderungen der jeweiligen Reben geeignet ist. Diese Sorten liefern in einem Jahr mengenmäßig nur wenig Trauben. Der Wein ist dann aber auch etwas ganz Besonderes und wird von Weinfreunden als Rarität geschätzt und gehandelt. Zu den Neuzüchtungen, die in der Pfalz heimisch sind, gehören bei den Weißweinen die *Bacchusrebe*, eine Kreuzung aus Silvaner mal Riesling mit Müller-Thurgau. Die *Siegerrebe* wurde gezüchtet aus Madeleine angevine und Gewürztraminer, während die Sorte *Ortega* anschließend aus Müller-Thurgau und Siegerrebe entstanden ist. Die *Optimarebe* hat mit Silvaner mal Riesling und Müller-Thurgau die gleichen Eltern wie die Bacchusrebe, ohne dieser jedoch ähnlich zu sein. Die sogenannte Mischerbigkeit der Rebe führt dazu, dass Kreuzungen aus den gleichen Paarungen ganz unterschiedlich ausfallen können.

Huxelrebe heißt eine Sorte, die aus Gutedel und Courtillier entstanden ist. *Faber* wurde aus Weißburgunder und Müller-Thurgau entwickelt. Sie erhielt ihren Namen von jenem Pfälzer Winzer, der sich in seinen Weinberganlagen um den Versuchsanbau dieser Rebe besonders verdient gemacht hat. *Ehrenfelser* wurde aus Riesling und Silvaner gezüchtet, ebenso wie die *Multanerrebe*, die trotz gleicher Eltern der Ehrenfelser in keiner Weise gleicht. Auch *Freisamer* und *Rieslander*, zwei voneinander deutlich unterschiedene Sorten, entstanden aus den gleichen Ausgangsreben Silvaner und Riesling. Wiederum Beweise für die Mischerbigkeit der Reben. *Kanzler* wird eine Sorte aus Müller-Thurgau und Riesling genannt. Die *Nobling-Rebe* ist das Ergebnis der Kreuzung von Silvaner und Gutedel. Der schöne Name *Alba longa* steht für eine Züchtung aus Rieslaner und Silvaner, während die umgekehrte Kreuzung Silvaner mit Rieslaner zur *Mariensteiner Rebe* geführt hat. Müller-Thurgau gekreuzt mit einer Siegerrebe ergab die Sorte *St. Thekla*. Zu den neu gezüchteten Rotweinsorten gehören: die *Herold-Rebe*, eine Kreuzung aus Portugieser und Limberger, die Sorte *Samtrot*, eine Schwarzrieslingmutation und die *Rotberger-Rebe*, das Zuchtergebnis aus Trollinger und Riesling. Hinzu kommt noch die Sorte *St. Laurent*, eine Spielart der Burgunderrebe.

Das Rebensorten-Archiv

Es gibt viele Weinberge, Weingärten, Wingerte in der Pfalz, die man ihrer Lage, ihrer Weine und ihrer Namen wegen zu Recht als Pfälzer Kleinode bezeichnen kann. Ein solches Juwel liegt an einem sonnenbeschienenen Hang in Weingarten in der Südpfalz. Dort züchtet der Biologe und Ethnologe Andreas Jung früher weit verbreitete, dann verschollen geglaubte und heute vom Aussterben bedrohte Rebsorten aus der Pfalz und aus ganz Deutschland.

Der Rebenzüchter sucht und findet seine Schätze verborgen unter dem Gestrüpp alter, verbuschter, aber noch wurzelechter Weinberge, die zum Teil seit über hundert Jahren brachliegen, in alten Winzerhöfen an noch immer tragenden Hausreben, sogar einmal in einem Rosengebüsch auf der Fläche eines seit 1895 brachliegenden Weinberges.

Mit viel Liebe und Sachkenntnis hat Jung Hunderte von Edelreisern von den ausgewählten Rebstöcken geschnitten und in zwei Rebschulen veredeln lassen.

Mittlerweile werden im Rebsortenarchiv „Südpfalzweinberg" vierundneunzig gerettete und geklonte Rebsorten in Mischkultur angebaut, gepflegt, von Hand geerntet und vom Weingut Spieß in Lustadt als Cuvé ausgebaut.

So können Weinkenner und Weinliebhaber in jedem Jahr einen außergewöhnlichen Wein und ein besonderes historisches Geschmackserlebnis genießen, wenn ihnen der neue Jahrgang kredenzt wird.

Allein schon die Namen der alten Reben klingen geheimnisvoll, märchenhaft und verführerisch:

Adelfränkisch, lesen wir da, oder *Frühweißer Malvasier, Visitator, Alexandriner, Muskat, Geisdutte, Gutedel, Kleinedel* oder *Petersiliengutedel*. Hier wächst die *Weiße Mädchentraube*, der *Dreifarbige Heunisch*, der *Gelbe Honigler* ebenso wie der *Weiße Rosenkranz*. Auch der *Blaue Affenthaler, Black Prince*, der *Blaue Kracher*, ein *Ordinärer Blauer Claret*. Reben wie der *Plantscher* oder *Cot* stehen hier ebenso wie das *Möhrchen*, der *Mohrenkönig* und die *Mohrenkönigin, Taubenschwarz* und *Schwarzer Prinz, Süßblau* und *Samtrot* und noch viele andere vor dem Vergessen bewahrte mehr.

Namen aus alter Zeit, poetisch und verwunschen, Reben aus vergangenen Tagen, wiederentdeckt und zu neuer Blüte gebracht, Trauben, die ihre Süße und ihr Aroma über die Zeiten bewahrt haben und ein Wein, dessen Blume und Geschmack dem *Weingartener Schlossberg seinen besonderen Charakter und seinen palatinen Charme verleihen.

Der Weißherbst

Der Herbst ist die schönste Jahreszeit in der Pfalz. Die Natur bietet allen Sinnen ein Übermaß an Freuden und Genüssen. Das Laub in den Weinbergen leuchtet in hundert verschiedenen Farben, von hellem Gelb über duftiges Grün bis hin zu tiefdunklem Rot. Die Kastanienwälder säumen als zartgelbes Band den Rand der Haardt, und die Frühnebel vermischen diese Farbpalette in zauberhafte Pastelltöne.

Wenn am Mittag die Sonne durch den Nebel gedrungen ist, hebt sich die dunkle Kette der Haardt-Berge, von den Pfälzern *das Gebirge* genannt, beeindruckend vom blauen Himmel über dem Pfälzer Land ab. Weiße Wolken wetteifern mit den Goldtönen, in denen Hänge und Weinberge erstrahlen.

Es kann auch lang und anhaltend regnen im Herbst in der Pfalz. Dann werden Wanderer und Wingertsleute bis auf die Haut durchnässt und brauchen dringend frische, warme Sachen und einen kräftigen Schluck Wein, um ihre gute Laune nicht zu verlieren.

Der Herbst in der Pfalz bietet Zunge und Gaumen überall herrliche und zahllose Kostbarkeiten: süße Trauben im Übermaß, süffigen Neuen Wein, knusprig brutzelnde Bratwürste, dampfende Leberknödel und deftigen Saumagen.

Der Herbst ist auch die wichtigste Jahreszeit in der Pfalz. Im September und Oktober will all das geerntet werden, wofür Winzersleute und ihre Familien ein ganzes Jahr hart gearbeitet haben. Eine unübersehbare Menge von Trauben muss gelesen, heimgefahren, gemahlen, gekeltert und in den Keller gebracht werden.

Die Traubenernte oder Weinlese und alles, was damit zusammenhängt, heißt daher in der Pfalz, der Jahreszeit entsprechend, *Herbst*. Pfälzer gehen nicht in die Weinlese, Pfälzer gehen in den *Herbst*, sie *gehen herbsten*. Vom Schneiden der Trauben über das Sammeln in den Bütten und Logeln, das Mahlen in der Traubenmühle, das Keltern bis zum Abfüllen, gehört alles zum *Herbst*, zum *Herbsten*.

Alle weißen Trauben werden nach dem Mahlen sofort gekeltert und der Most gleich in die Fässer und Tanks in den Keller gepumpt, um dort zu gären.

Die blauen Trauben kommen, genau wie die weißen, zuerst in die Traubenmühle. Aber dann hat der Winzer zwei Möglichkeiten, wie er die gemahlenen Trauben behandelt. Will er einen Rotwein, dann muss er die zerquetschten Trauben eine Weile stehen lassen, damit sie als Maische angären. Denn der rote Farbstoff ist nur in der Schale der blauen Traubenbeeren enthalten und wird erst durch den Gärungsvorgang herausgelöst. So bekommt die Maische und nach dem Keltern der Most seine rote Farbe.

Je stärker der für die jeweiligen Rebsorten typische Farbstoffgehalt ist, umso dunkler rot wird der Wein später werden. Außerdem bestimmt auch der jahrgangsbedingte

Reifegrad der Trauben die Farbintensität eines Rotweins. Werden die blauen Trauben aber sofort nach dem Mahlen gekeltert, dann kann sich der rote Farbstoff nicht aus den Schalen lösen, und der Most fließt ebenso hell aus der Kelter wie der Saft der weißen Trauben. Aus einem solch „weiß geherbsteten" Rotweinmost blauschaliger Trauben entsteht dann ein Wein, der die Bezeichnung Weißherbst tragen kann. Je nachdem, wie lange die Weißherbstmaische zum Angären stehen bleibt, färbt sich der Most und später der Wein mehr oder weniger rötlich.

Während der Weißherbst zu einhundert Prozent aus Qualitätswein einer Sorte besteht, die in jedem Fall auf dem Etikett mitgenannt werden muss, können *Roséweine* auch aus mehreren Tafelweinen verschnitten sein. Die Bezeichnung *Roséwein* hat also weniger mit der rosa Färbung zu tun als mit der Qualität.

Ist der letzte Tropfen Most aus der Kelter gelaufen, sind alle Fässer voll mit neuem Most, beginnt in der Pfalz die Zeit der Feste; der großen Feste und der kleinen Feste, in allen Dörfern, in allen Städten, auf Straßen, auf Plätzen, in Winzerhöfen und Straußwirtschaften.

> # *In vite vita.*
> # *In der Rebe*
> # *das Leben.*
>
> (Römischer Trinkspruch)

Der Neue Wein

Es gibt ihn jedes Jahr in der Pfalz. Er kommt im Herbst und alle warten auf ihn wie auf einen guten Freund, den sie lange nicht gesehen haben und mit dem sie schon lange nicht mehr zusammengesessen haben. Sie wissen, dass er nicht lange bleiben wird, aber sie wissen auch, dass er ihnen viel zu erzählen hat und dass sie in seinem Beisein selbst viel und ausführlich werden reden können. Alle warten, alles wartet im Herbst in der Pfalz auf den Neuen Wein.

Sie werden ihn genießen, solange er da ist, spritzig, witzig, unterhaltend und berauschend. Und der *Neie*, wie die Pfälzer ihn liebevoll nennen, zieht alle in seinen Bann: Einheimische und Fremde, *Hergeloffene* und Durchreisende, Dagebliebene und die, die extra seinetwegen in die Pfalz gekommen sind. Als Most kommt er an, süß und süffig. Doch schon nach wenigen Stunden wird er unruhig, fängt an zu glucksen, zu rülpsen und zu sprudeln. Er wird die Gaumen kitzeln und auf der Zunge bitzeln. Und so trägt er auch den Namen *Bitzler*. Durch Trübung kündigt er seine Gärung an und nach etwa einer Woche „Brummen" im Fass hat sich der süße Most in den Neuen Wein verwandelt: Unausgegoren, hefetrüb, milchig und weißgrau wie die Bauchfedern unserer Gänse heißt er jetzt *Federweißer*. Wegen seiner Farbe heißt er so und wohl auch, weil sein Genuss jeden, der ihn trinkt, beschwingt und leicht wie eine Feder werden lässt. Möglicherweise lässt sich sein Name aber auch von der im Mittelalter benutzten Weinzutat *Federweisz* ableiten.

Nach vier Wochen ist der *Neue* durchgegoren und hat sich geklärt. Als junger Wein wird er einem erfahrenen

Kellermeister anvertraut, der ihn pflegen und ausbauen wird, bis er die volle Reife erlangt hat.

Und alle, die ihm begegnet sind und so herrlich fröhlich mit ihm zusammen waren, werden sich seiner erinnern und sich auf ein Wiedersehen im nächsten Herbst freuen.

Die Schorle

Wenn man es genau nimmt, kennt man in der Pfalz die Schorle eigentlich fast-überhaupt-gar-nicht. Zum einen ist sie männlich, genau wie der Wein, und heißt demzufolge der Schorle, und zum zweiten wird ein Schorle nur ganz selten getrunken: wenn es sehr heiß ist und dazu noch früh am Mittag und partout kein schattiges Plätzchen zu finden ist, wo ein Pfälzer in Ruhe sitzen und seinen Schoppen trinken kann. Dann, und nur dann, bestellt er sich schon mal einen Schorle mit dem Seufzer: „In Gottes Name, halt en Schorle!"

Vom alten deutschen Wort *schurlen*, was so viel heißt wie *Wasser lassen* oder *vom rieselnden Wasser* hat der Schorle seinen Namen. Auch die schweizerische Bedeutung des Wortes schurlen, *etwas mit Übereilung und ohne Ordnung tun* beschreibt sehr gut das Gefühl eines echten Weintrinkers, das er beim Anblick einer Schorle hat. Es tut ihm schon ein bisschen weh, wenn, nur wegen der Erfrischung, so viel Wasser in einen *ordentlichen* Wein *rieselt*.

Die Pfälzer nennen eine Schorle auch *en Gespritzte*, weil in den Wein Mineralwasser gespritzt wird. Der Sprudel heißt in der Pfalz Selterswasser oder Klickerwasser; die aufsteigenden weißen Perlen erinnern uns so sehr an die Glasklicker unserer Kindheit. Beim Mischen einer Schorle ist es wichtig, dass der Anteil des Weines auf jeden Fall höher ist als der Anteil des Sprudels.

Ein Pfälzer Schorle besteht aus zwei Drittel Wein und einem Drittel Selterswasser. Halb und halb wäre schon ein *dünner Schorle*, und den mag so keiner recht, außer vielleicht der Wirt. Doch sehr lange halten es die Pfälzer bei dem *übereilt und ohne Ordnung mit rieselndem Wasser*

gespritzten Trank sowieso nicht aus. Sobald es ein bisschen kühler geworden ist und sie das Gefühl haben, schon viel zu viel Wasser im Bauch zu haben, bestellen oder machen sie sich schnell wieder *en rischdische Schoppe*.

Denn die Pfälzer wissen: Zu viel Wasser verdirbt den Wein – und den Geschmack.

Vom Römer zum Schoppen

Der Wein ist nicht das älteste Getränk, das den Menschen Erquickung und Freude bringt. Dieser Rang bleibt dem köstlich kühlen Wasser vorbehalten. Wohl aber gilt der Wein unbestritten als das edelste aller Getränke. Eleganter als das hemdsärmelige Bier, vornehmer als die kurz angebundenen Schnäpse, feiner als aufdringliche Liköre und zurückhaltender als der vorlaute Sekt steht es dem Wein wohl zu, gemessen gekostet und mit Stil getrunken zu werden.

Wo immer Weine zu Gast an einer Tafel sind und ein gutes Essen begleiten dürfen, sollten sie demzufolge stilvoll kredenzt werden. Deshalb stehen Gläser, aus denen Wein getrunken wird, auch meist auf einem mehr oder weniger hohen Stiel. Der Stiel ist aus feinem Glas und hat neben seiner schönen, klaren Form auch eine praktische Bedeutung für den Weintrinker. Denn die Hand, die das Glas am Stiel ergreift, gibt ihre Wärme nur an diesen weiter, während der Wein im Kelch kühl und frisch bleibt. Und deshalb sollen Rotweingläser, auch wenn sie einen Stiel haben, mit der Handfläche am Glaskörper angefasst werden; denn Rotwein soll temperiert getrunken werden.

In Gasthäusern und an Wirtshaustischen, wo der Wein schon eher die Hauptperson ist, wird in der Regel kräftig hingelangt. Da muss ein Weinglas einen griffigen und stabilen Stiel haben. Dort trinkt man sein *Viertel* gerne aus den sogenannten Weinrömern, tulpenförmigen Gläsern, die breitbeinig auf dick gerippten Stielen stehen. Die Form dieser *Römer* und das meist grüne Glas seiner Stielrippen entstammt der jahrtausendealten Tradition römisch-italienischer Glasmacherkunst. Bei den alten Griechen gab es die Sitte, Freunden oder Nachbarn zuzutrinken. Der Hausherr trank dem Gast zu, wobei er zuvor zu Ehren der Götter ein paar Tropfen Wein verschüttete. Das Trinkgefäß war eine flache Schale, die man *Rühmer* nannte. Der Gast wurde durch den Zutrunk geehrt, gewissermaßen *gerühmt*, ihm wurde Erfolg und Gesundheit gewünscht. Aus dem *Rühmer* ist später der *Römer* geworden.

Doch der Wein ist in der Pfalz nicht nur Getränk. In Maßen und regelmäßig genossen wirkt er als Arznei gegen mancherlei Krankheit und fördert in vielerlei Hinsicht das Wohlbefinden der Menschen. Ähnlich wie für die Bayern das Bier ist den Pfälzern der Wein – im wahrsten Sinne des Wortes – auch Lebensmittel. Pfälzer gehen daher sehr direkt, natürlich und handfest mit ihrem Wein um. Dabei können sie gut auf Stil verzichten. Mit beiden Händen wollen sie ein Glas umfassen können. Und die Sorge, der Riesling oder Silvaner könnte dabei zu warm werden, ist unberechtigt. Denn bei einem Pfälzer steht ein Glas Wein nie lange gefüllt auf einem Tisch herum. So kam es, dass die Pfälzer bei ihren Weinrömern den Stiel kurzerhand weggelassen haben und das Glas alleine zum Trinken benutzen. Verziert und geschmückt mit dem Wappen der einzelnen Weinbaugemeinden heißt es *Pfalzrömer* oder *Pfälzer Römer*. Es kommt in zwei Größen auf den Tisch, einen Achtel- oder einen Viertelliter fassend, und ist für den kleinen Durst bestimmt. Haben sie großen Durst, und meist haben Pfälzer großen Durst, benutzen sie das Schoppenglas. Es ist zylindrisch, oben offen, fünfzehn Zentimeter hoch und fasst, gemessen, geeicht und bis zum Strich eingeschenkt, in der Pfalz exakt einen halben Liter Wein.

Mit dem alten Maß des Schoppens wurden früher auch Milch, Öl oder Sämereien gemessen.

Auf allen Weinfesten und Kerwen der Pfalz steht das Schoppenglas auf den langen Tischen zwischen Leberknödeln und Saumagen, zwischen Kesselfleisch und Bratwürsten, zwischen Zwiebelkuchen und Weinknorzen, vollgefüllt mit herrlichen und süffigen Kernern und Silvanern, Rieslingen und Müller-Thurgauern und nur ganz selten, bei allzu großer Hitze, auch mit einer spritzigen Schorle. Das Schoppenglas gehört zur Deidesheimer Weinkerwe so gut wie zum Wachenheimer Burgfest, zum Billigheimer Purzelmarkt ebenso wie zum Andergasserfest, es dient den Gästen des Deutschen Weinlesefestes in Neustadt und versorgt die Zecher auf dem Dürkheimer Wurstmarkt. Kein Gutsausschank, kein herbstlich geschmückter Winzerhof kommt ohne Schoppengläser aus. Keines der unzähligen Feste in der Pfalz zwischen Mai und Oktober ist ohne dieses typische Pfälzer Glas vorstellbar.

Eine besondere Variante des Schoppenglases stellt das sogenannte *Dubbeglas* dar. Auch dieses fasst einen Schoppen, also einen halben Liter Wein, ist jedoch konisch in der Form, am Fuß etwas schmäler, dafür oben noch breiter. Seinen Namen hat es von fingergroßen Vertiefungen, die in seine Wand eingelassen, hineingetupft sind. Die Tupfen, pfälzisch *Dubbe* genannt, sind nicht nur eine besondere Zierde des Glases, sie bieten den Fingern beim Zuprosten zusätzlich noch einen besonderen Halt. Da das Dubbeglas eng

mit dem Dürkheimer Wurstmarkt und seinen Schubkärchlern verbunden ist, wird es auch *Dürkheimer Glas* genannt.

Dem Schoppenglas haben die Pfälzer Trinksitten einen besonderen Brauch zu verdanken: den beliebten und immer willkommenen *Trollschoppen.*

Wo immer eine fröhliche Runde von Weintrinkern beisammen sitzt, der Abend weit fortgeschritten, aber keiner bereit ist, als Erster aufzubrechen, bringt der Wirt zum Abschluss noch einen vollen Schoppen und fordert seine Gäste auf: „Den geb ich noch aus, aber dann trollt ihr euch!" Dieser letzte Schoppen zum Trollen geht von Hand zu Hand, von Mund zu Mund. Jeder nimmt einen Schluck oder auch zwei und gibt das Glas an seinen Nachbarn weiter. Der Schoppen macht so lange die Runde, bis er leer ist. Dann brechen alle gemeinsam auf, trollen sich, „machen sich hääm", wie die Pfälzer sagen. Der Wirt kann endlich aufräumen und schlafen gehen.

Es muss nicht immer der Wirt sein, der den Trollschoppen spendiert. Es darf auch einer der Gäste sein, die Hauptsache ist, der letzte Schoppen kommt. Manchmal folgen dem Trollschoppen noch ein zweiter und gar ein dritter nach, aber dann ist endgültig Schluss! Es wird auch keiner Einspruch erheben, wenn ein Trollschoppen eine Weinrunde eröffnet und die Lippen so lange feucht hält, bis jeder seinen eigenen Wein vor sich stehen hat. Ob Römer mit Stiel oder Pfälzer Römer ohne Stiel, ob Schoppenglas oder Dubbeglas, die Hauptsache bleibt für alle Pfälzer, dass die Gläser mit Wein gefüllt sind und keines zu lange leer und trocken vor ihnen steht.

Es Pälzer Schobbeglas

Ich bin e Pälzer Schobbeglas,
grad, handfeschd unn ganz offe.
Am liebschde bin ich inne nass.
Ich bin aach gern besoffe

vun emme guude Pälzer Woi,
em rode odder weiße.
Kumm, schenk mer norr mool richdisch oi,
ich kann der des beweise!

Guck mich mool aa! Wie seh ich aus?
Du ich net herrlich funkle?
Unn gehn der mool die Lichter aus,
mich finschde aach im Dunkle.

Mich kann mer schmecke, glaab mers bloß,
um siwnezwanzich Ecke.
Am beschde awwer duschd dei Noos
glei in mei Glas noi stecke.

Dann hoschden vor dir bis zum Rand,
den echde Pälzer Schobbe.
Jetzt trink se aus mit ruicher Hand,
die viele dausend Trobbe

voll Sunneschei un Leewe,
voll Selichkeit und Troschd.
So muschd en Schobbe hewe!
Uff eier Wohl! Unn Proschd!

MITTEN IM PARADIES

Endlose Weinberge, malerische Dörfer
und unzählige Festlichkeiten –
in der Pfalz fällt es leicht, das Leben zu genießen.
Inmitten der Weinlage „Paradiesgarten"
genießen unsere Gäste eine wohltuende Atmosphäre.
Haben wir Ihr Interesse geweckt?

STEIGENBERGER HOTEL DEIDESHEIM
Am Paradiesgarten 1 · 67146 Deidesheim/Pfalz
Tel.: +49 6326 970-0
www.deidesheim.steigenberger.de

Anzeige

Weinfeste, Kerwen und Märkte

Die Pfälzer sind ein fleißiges Völkchen. Sie arbeiten gerne und viel, und sie tun es mit Erfolg. Aber sie feiern auch gern und viel! Denn ein erfolgreich beendetes Werk ist immer ein Grund zum Feiern.

War nach jahrelanger, gemeinsamer Anstrengung die neue Dorfkirche erstellt, wurde ihre Weihe mit einem großen Fest begangen. Die *Kirchweih*, die *Kerwe*, war von nun an alljährlich das große Fest im Dorf.

Die Ernte, ob groß oder bescheiden eingefahren, war Anlass, Gott zu danken und mit allen, die im wahrsten Sinn des Wortes dazu beigetragen hatten, das Erntedankfest auszurichten. Auch das alte Brauchtum, den Winter zu vertreiben, die ersten Blüten, der Sommeranfang, waren Anlässe für die Menschen, gemeinsam zu feiern.

Im Frühjahr und im Herbst fuhren die Bauern und Winzer mit ihren Wagen und Schubkarren auf die Märkte der größeren Orte. Dort konnten sie ihr Obst, Gemüse und nicht zuletzt ihren Wein anbieten, um in Scheunen und Kellern Platz zu machen für die neue Ernte. Gleichzeitig boten die Märkte die Gelegenheit, sich mit den notwendigen Dingen für Haus und Hof einzudecken. Der Abschluss eines Handels wurde natürlich gebührend gefeiert, und so entstanden aus diesen Märkten die großen und bekannten Feste der Pfalz.

Ein neuer Brunnen, eine frisch gepflasterte Gasse oder Straße, die geschlachtete *Wutz* oder der erste Neue Wein konnten und können für die Pfälzer ein Anlass sein, ein Fest daraus zu machen. Und weil 's so schön war, wird es im nächsten Jahr wieder gefeiert. Auf diese Weise sind in der Pfalz viele Feste entstanden.

Doch es genügt, dass sich an einem lauen Sommer- oder Herbstabend, nach getaner Arbeit, ein paar Nachbarn *uff de Gass* treffen. Schnell sind Stühle und Tische aus dem Haus geholt, die Schoppengläser stehen auf dem Tisch, Essen und Trinken auch, und es wird gefeiert. Gastfreundlich, wie die Pfälzer sind, wird keiner ausgeschlossen, alle sind willkommen, und schon strömen Einheimische und Fremde zu diesem neuen Fest. Der Wein spielt, wie könnte es anders sein, auf allen Festen in der Pfalz die Hauptrolle. Ob Markt oder Kerwe, ob Weinzehnt oder Blütenfest oder ob einfach nur ein Fest, jedes Fest in der Pfalz ist und bleibt ein Weinfest. Der Rebensaft fließt aus Fässern und Flaschen, aus Kannen und Krügen in Gläser, in Römer, in Schoppen und in tausend durstige Kehlen. Wohl bekomm's, Prost!

Tugend des Weins

Wein mässiglich genützt / macht
lebendig / vn erquicket natürliche
wärme / verdauwet dieSpeiß / treibt
alle vberflüssigkeit zunm Stulgang /
reiniget die Natur von allen bösen
dünsten vnd vnreinigkeiten / vn
Cholera / adelt das Blut / stärkt das
Hirn / erklart die Augen / schärpffet
die Sinn vnnd vernunfft deß
Menschen / macht schön lauter
Farb. Diese krafft hat der Wein / so
man in zimlich braucht. So man in
aber vnordentlich brauchet / so
thut er so viel schaden /
als viel er sonst nutz ist.

*Aus: Ein new Kochbuch. In Druck
gegeben Durch M. Marxen Rumpolt
Churf. Meintzischen Mundtkoch, 1581.
Sampt einem gründlichen Bericht, wie
man alle Wein vorallem zufallen
bewaren, machen und bereiten soll,
dass sie natürlich auch allen Menschen
unschädlich zu trincken seindt.*

Warum heißt die Pfalz „Palz"?

Der Name *Palz* leitet sich ab vom lateinischen Wort *palatium*. So hieß der Palast der römischen Kaiser auf dem *Palatinum*, einem der sieben Hügel Roms. Im Mittelalter bauten sich die deutschen Könige und Kaiser im ganzen Land ähnliche Palastanlagen, in denen sie wohnten, wenn sie mit ihrem Gefolge unterwegs waren, um in ihrem Reich nach dem Rechten zu sehen.

Diese kaiserlichen Residenzen wurden nach ihrem römischen Vorbild *palatinatum* genannt. Das heißt: *palatinatum* wurde nur in den Handschriften und Urkunden benutzt. Denn die meisten Urkunden, die man im Mittelalter verfasste, wurden in lateinischer Sprache geschrieben. Im Französischen heißt die Pfalz heute noch *Le Palatinat*.

Geredet aber haben die Leute im Mittelalter, auch die Kaiser und Könige, deutsch. Und sie sagten, wenn sie vom Palast des Kaisers sprachen, nicht *palatinatum* sondern auf Althochdeutsch: *phalanza*. Später auf Mittelhochdeutsch wurde der Palast dann *phalze* genannt und schließlich neumodisch hochdeutsch *Pfalz*.

Doch die Pfälzer standen schon damals, also auch in der Zeit, als sie noch Franken waren, mit dem *pf* auf Kriegsfuß. Und so hörte sich *phalanza* auf Altrheinfränkisch wie *palanza* an, dann auf Mittelhochpfälzisch wie *palze* und schließlich heute auf *Richdischpälzisch* heißt es *Palz*.

Zuerst hießen nur die Kaiserresidenzen *Pfalz*, dann auch das Land um sie herum. Der vom Kaiser eingesetzte Verwalter war ein Graf und nannte sich *Pfalzgraf*. Es gab viele Pfalzen im *Heiligen Römischen Reich Deutscher Nation*. Die wohl bedeutendste stand in Aachen, der Wahlstadt der deutschen Kaiser. Am Oberrhein gab es wichtige Kaiserpfalzen in Speyer, Kreuznach, Ingelheim und Lorsch. Die *Pfalz im Rhein* bei Kaub zeugt heute noch von der Macht und der Größe der deutschen Kaiser im Mittelalter.

Im Jahre 1156 entstand durch die Zusammenlegung mehrerer Pfalzen, die alle in der Nähe des Rheines lagen, die *Pfalzgrafschaft bey Rheyn*. Sie erlebte ihre Blütezeit als *Kurpfalz* unter vielen berühmten *Kurfürsten von der Pfalz*. Der Wiener Kongress sprach 1816 den linksrheinischen Teil der Kurpfalz dem Königreich Bayern zu. Als bayerische Rheinprovinz blieb die *Pfalz am Rhein* für hundertdreißig Jahre bayerisches Land. 1946 wurde sie dann die bessere Hälfte von Rheinland-Pfalz.

Im Laufe ihrer Geschichte mussten die Pfälzer vielen Herren dienen. Alle hatten das Bestreben, möglichst viel von dem köstlichen Wein, der hier wuchs, in ihre Keller zu schaffen. So haben sie das Land rechtschaffen ausgenommen und ausgebeutet. Andere Herren, die Land und Wein haben wollten, aber nicht kriegen konnten, haben es immer wieder überfallen, gebrandschatzt, geplündert und verwüstet. Deutsche, schwedische, französische Kaiser und Könige, ihre Feldherren, Soldaten und Söldner waren dabei besonders eifrig, gründlich und grausam.

Doch die Pfälzer haben ihre geschundene Heimat jedes Mal wieder aufgebaut, sie haben ihre Äcker in Ordnung gebracht, neue Bäume gepflanzt, ihre Felder bestellt und vor allem ihre geliebten Weinberge frisch angelegt, damit ihr armes und liebes Land in neuer Schönheit erstrahlen konnte.

Kommt man heute, besonders im Herbst, in die Pfalz, sieht dieses wunderschöne Fleckchen Erde in seiner ganzen Pracht vor sich liegen, wandert durch die üppigen Weinberge mit ihrer überquellenden Fülle an köstlich süßen Trauben, ergötzt sein Auge an den bunten Farben von Reben und Wäldern, dann versteht man, dass ein Landstrich, der sich so majestätisch vor den Augen der Menschen ausbreitet, mit Recht den Namen eines kaiserlichen Wohnsitzes trägt.

Es gibt allerdings noch eine Geschichte, die ganz anders erzählt, warum die Pfalz *Palz* heißt. Danach hat sie ihren Namen nicht von den Königen und auch nicht von Kaisern, sondern von zwei viel höheren Instanzen, nämlich vom Teufel und vom lieben Gott persönlich. Und das geschah so:

Nachdem Gott die Menschen aus dem Paradies vertrieben hatte, konnte es der Teufel nicht ertragen, dass der Garten Eden nun dem lieben Gott alleine gehören sollte. Er, Lucifer, wollte auch ein Stück davon abhaben. Also griff er nach dem Teil des Paradieses, den Gott am schönen Rhein eingerichtet hatte. Der liebe Gott sah das, klopfte Lucifer kräftig auf die Finger und rief: „Zum Teufel! Lass das! Das Paradies gehört mir! Mir allein!"

Doch der Teufel ließ nicht los und hielt das Land fest in seinem Griff. Der liebe Gott versuchte, es ihm zu entreißen. Beide zogen, so fest sie konnten, der Teufel nach der einen und der liebe Gott nach der anderen Seite. Keiner gab nach. Schließlich wurde dem lieben Gott das Gezerre zu dumm, seine geliebte Pfalz tat ihm leid, er dachte: Der Klügere gibt nach und sagte zum Teufel: „In Gottes Namen, B(e)halt's! Bhalt's!" Und seitdem heißt die Pfalz *Palz*.

Es verging eine Ewigkeit, bis dem Teufel die Aufgabe zufiel, Jesus in Versuchung zu führen. Er führte den Herrn in die Pfalz just an die Stelle, an der sich später der bayerische König Ludwig seine Sommerresidenz Ludwigshöhe oberhalb von Edenkoben erbauen ließ. „Dies alles will ich dir geben", sagte der Teufel zu ihm, „wenn du niederkniest und mich anbetest." Jesus soll beim Blick über die sonnenbeschienen Weinberge und herrlichen Felder der Pfalz und der Rheinebene lange geschwiegen und nachgedacht haben, denn die Versuchung war wahrlich groß. Doch dann entsann er sich der Worte seines Vaters und sagte entschlossen zum Teufel:„In Gottes Name, b'halt's!" Und seitdem heißt die Pfalz endgültig *Palz*.

Und so ist es nicht verwunderlich und durchaus verständlich, dass die Pfälzer ihren Charakter und ihre Art von beiden haben, von Gott und vom Teufel: vom lieben Gott ihre frohe Natur, ihr fröhliches Herz und ihr Wissen, wie man das Leben genießt, vom Teufel ihre Schläue, ihre Pfiffigkeit, ihre Wortgewandtheit und Redseligkeit und ihre Gabe, einen teuflisch guten Wein anzubauen, der mit unendlich vielen himmlischen Tropfen Jahr für Jahr in ihren Kellern lagert und Abertausende von Flaschen und Gläsern und Kehlen füllt.

Die Weinlagennamen

Die ganze Natur stand Pate bei der Namensgebung der Weinbergslagen. Berge und Täler, Wiesen und Weiden, Gärten, Steine, Quellen, Tiere, Bäume, sie alle haben dazu beigetragen, dass Weinberge zu ihrem Namen kamen.

Auch durch die wechselvolle Geschichte eines Dorfes fand so manches Flurstück seine Bezeichnung. Wurde es verkauft und ging in den Besitz eines neuen Herrn über, so musste es oft dessen Namen annehmen. Wingerte wurden nach Königen und Fürsten, nach Bischöfen, Grafen und anderen adligen Herren benannt. Sie hießen nach Burgen und Schlössern, nach Höfen und Mühlen oder deren Besitzern.

Viele Weinnamen entstanden aus dem religiösen Lebensraum der Bevölkerung. Kirchen, Kapellen, Klöster und Heilige, Wegkreuze, Bildstöcke oder Friedhöfe waren oft der Grund, Weinberge nach ihnen zu benennen. Es waren markante Orte, um die umliegenden Weinberge zu beschreiben. Auch Kriege, Gefechte und Gerichtsstätten waren in der Erinnerung so deutlich, dass man Flurstücke danach benannte, die die dort wachsenden Weine heute noch tragen. Einige Namen haben sich im Laufe der Jahrhunderte durch mundartlichen Sprachgebrauch verändert und ihre ursprüngliche Bedeutung verloren.

Doch gerade geheimnisvolle oder interessant klingende Namen haben, zusammen mit der Qualität, viele Weine bekannt und berühmt gemacht.

WINZERVEREIN
DEIDESHEIM

AN 361 TAGEN IM JAHR FÜR SIE DA – WIR FREUEN UNS AUF IHREN BESUCH.

Öffnungszeiten »Weinparadies«

Montag - Freitag
8.00 - 18.00 Uhr

Samstag
9.00 - 16.00 Uhr

Sonntag
11.00 - 16.00 Uhr

Winzerverein Deidesheim · Prinz-Rupprecht-Str. 8
67146 Deidesheim/Pfalz · 06326 9688-0

www.winzervereindeidesheim.de

Anzeige

Feuerberg und Paradiesgarten

Sie ist ein Paradies, die Pfalz. Aber sie gehört dem Teufel! Er hat sie, wenn auch gewitzt und schlau, so doch rechtmäßig erworben und der liebe Gott hat sie ihm endgültig zugesprochen. So geschehen bei der Verteilung der Welt. Und so soll es auch bleiben. Denn es ist gut, wenn das Feuer der Hölle im Pfälzer Wein lodert und die Glut aus der Erde seine Trauben erwärmt.

Stellvertretend für den höllisch-feurigen Charakter der Pfalzweine steht der *Bad Dürkheimer Feuerberg*. Ursprünglich hieß der südliche Teil dieser Flur zwar *Werb*, der nördliche *Schindbuckel*, beziehungsweise *Schindgrube*. Aber diese Bezeichnungen waren als Weinnamen nicht sonderlich werbewirksam. Es lässt sich streiten, ob es eine göttliche Eingebung oder ein teuflisch guter Plan war, der den Besitzer dieser Lage 1844 auf den Gedanken brachte, sie in *Feuerberg* umzubenennen. Das sich im Herbst feuerrot färbende Laub der Portugieserreben, die hier stark vertreten sind, rechtfertigt zusätzlich den neuen Namen.

Als Großlagenbezeichnung tragen auch die Weine der umliegenden Gemeinden den Namen: *Bobenheimer am Berg Feuerberg, *Ellerstadter Feuerberg, *Gönnheimer Feuerberg, *Kallstatter Feuerberg, *Weisenheimer am Berg Feuerberg.

Den paradiesischen Anteil am Wesen des Pfälzer Weines vertritt ein Wein aus dem Weingut Dr. Deinhard in Deidesheim: der *Deidesheimer Paradiesgarten*. Sein Name wurde in den fünfziger Jahren von Ökonomierat Hoch, dem Besitzer des Weingutes, erfunden. Auf seine Veranlassung hin wurde die Lage *Waldberg* in *Paradiesgarten* umbenannt. Außerdem ließ der Ökonomierat eine Frauenstatue, Eva im Paradies, im Weinberg aufstellen. Die paradiesische Nacktheit der Gefährtin Adams brachte Hochwürden, den Herrn Pfarrer, auf den Plan. Auf seinen Einspruch hin musste ein Kunstschmied Evas Blößen mit eisernen Weinblättern und Weinranken verdecken. Der rostige Zahn der Zeit sorgte jedoch bald dafür, dass Eva heute wieder nackt, wie sie geschaffen ward, in ihrem Weinberg für paradiesische Zustände sorgt.

Seit 1983 verpachtet die Stadt Deidesheim in dieser Lage Weinstöcke an berühmte Persönlichkeiten des öffentlichen Lebens.

Der Wein aus dem *Diedesfelder Paradies*, der so schmeckt, wie sein Name verspricht, hat seinen Namen möglicherweise von einer Marien-Kapelle auf dem nahen Wetterkreuzberg.

Hügel und Berge

Ehe die Chemie aus Sack und Fass es den Winzern möglich machte, den Reben auch auf schlechten Böden, in flachen Lagen Nährstoffe zuzuführen, waren die Weinbauern alleine auf die Qualität ihrer Weinbergsböden und auf die Kraft der Sonne angewiesen, wollten sie einen guten Wein erzielen. Sie legten deshalb ihre Weinberge hauptsächlich an Hängen an. In den schräg geneigten Lagen, nach Süden hin offen, waren die Trauben länger und intensiver den Sonnenstrahlen ausgesetzt als in der flachen Ebene.

Viele der alten Weinlagen in der Pfalz sind infolgedessen nach Bergen, Hügeln und Hängen sowie deren Lage, Form oder Eigenart benannt.

Die *Dammheimer Höhe* ist ein Wein aus einer hoch gelegenen Lage. Auch der *Deidesheimer Hohenmorgen* wächst in hoch gelegenen Wingerten. Den zweiten Teil seines Namens bezieht dieser Wein von einem der ältesten Ackermaße, dem *Morgen*. Das war ursprünglich so viel Land, wie ein Bauer an einem Morgen mit seinem Gespann umpflügen konnte. Der *Ottersheimer Kahlenberg* wächst auf einer früher kahlen Anhöhe. Der *Bubenheimer Hahnenkamm* wächst auf einem Bergkamm, der ehemals mit Gebüsch und kleinen Bäumen bewachsen war; man nannte sie *hagen*, was Wäldchen bedeutet. Daraus wurde ein *Hagenkamm* und später *Hahnenkamm*. Dieser Wein hat sicher schon manchem Hahnrei den Kamm schwellen lassen. Seine Lage hat aber, wie gesehen, nichts mit dem stolzen Federvieh zu tun.

Der Name *Haardter Bürgergarten* ist eine Umdeutung des Wortes *Bergergarten* und meint einen am Berg gelegenen

Garten. Die Lage *Diedesfelder Berg* ist ein kleiner Hügel im sonst eher flachen Gelände. Aber ihr herausragender Anblick und der Ausblick, den man von dort hat, genügte, um ihr diesen Namen zu geben. Das *Edenkobener Bergel* dagegen ist nur eine kleine Erhebung im Umkreis sehr viel höherer Berge und hat somit nur die Verkleinerungsform verdient, genauso wie das *Grünstadter Bergel*.

Das kleine Bächlein, das an einem *Rech* vorbeifließt, einem quer zum Hang verlaufenden terrassenförmigen Absatz, ist ein *Rechbächel*. Wächst an seiner Seite ein guter Wein, so trägt der den Namen *Wachenheimer Rechbächel*.

Eine Großlage, die ursprünglich aus Kallstadt stammt, führt den Namen *Kallstadter Kobnert*. Für die Herkunft des Wortes *Kobnert* stehen dem Weingenießer zwei Deutungen zur Wahl. Zwischen Ungstein und Kallstadt liegt ein Berg, der früher Coppenhart hieß. Das bedeutete, dass seine Kuppe mit niedrigem Bergwald, der *hart* genannt wurde, bedeckt war. Aus *Coppenhart* wurde mundartlich verändert *Kobenort* und daraus *Kobnert*. Auch das alte Wort *kobe* für Schweinestall könnte der Ursprung dieses Namens sein. Dann wäre die Kobenhart eine Schweinemastweide zwischen Kallstadt und Ungstein gewesen. In jedem Fall wuchs später dort ein so guter Wein, dass sich die Winzer der Nachbargemeinden 1971 entschlossen, den Kobnert aus Kallstadt auch für ihre Weine zu verwenden: *Dackenheimer Kobnert, *Erpolzheimer Kobnert, *Freinsheimer Kobnert, *Herxheimer am Berg Kobnert, *Leistadter Kobnert, *Ungsteiner Kobnert, *Weisenheimer am Berg Kobnert.*

Wurde in einer Gemarkung neues Anbauland erschlossen, so nannte man die Flur gerne, im Gegensatz zu den Altlagen, *Neuberg*. In einer solchen Flur wachsen der *Meckenheimer Neuberg* und auch der *Bornheimer Neuberg*. Münzfunde waren ausschlaggebend für die Namensgebung des

Godramsteiner Münzberges. Nach einem Berg, der mit dem Schlitten befahren werden konnte, von dem das geschlagene Holz mit dem Holzschlitten zu Tal geschleift wurde, ist der *Mechtersheimer Schlittberg* benannt worden.

Ein Hang, der so stark geneigt ist, dass es aussieht, als wolle er umkippen, überschnappen, wurde kurz und knapp *Schnepp* genannt. Auch dass das Fuhrwerk leicht umkippen konnte, wenn man nicht vorsichtig fuhr, trug zu diesem Namen bei. Ein Weinberg in einer solchen Lage ist der *Obersülzer Schnepp*. Der *Wachenheimer Böhlig* leitet sich vom alten Wort *bühel* oder *böhl* für Hügel ab. Wachsen die Reben auf einem hoch gelegenen Grenzstreifen zwischen zwei Grundstücken, einem *Rain*, so geben sie ihrem Wein den Namen *Knöringer Hohenrain*.

Nicht eindeutig geklärt ist die Herkunft des Namens *Billigheimer Venusbuckel*. Doch als Bezeichnung für eine sanfte Erhebung, darunter das Tor zu den Freuden und Wonnen des Lebens verborgen liegt, ist er durchaus verlockend und annehmbar.

Osterberg und Sonnenhang

Südhänge gehören zu den besten Weinbergslagen. Auf derjenigen Seite eines Berges, die den ganzen Tag der Sonne zugewandt ist, reifen die Trauben am besten. Dort sammeln sie die Kraft der Sonnenstrahlen in ihren Blättern und Beeren, verwandeln sie in kostbare Süße und bilden so die Grundlage für gehalt- und qualitätvolle Weine. Winzer waren von jeher bemüht, möglichst viele Weinberge an Südhängen anzulegen und gaben ihnen wegen ihrer sonnigen Lage oft den Namen Sonnenhang.

Es gibt viele rebenbewachsene Südhänge in der Pfalz: *Bockenheimer Sonnenberg, *Ellerstadter Sonnenberg, *Essinger Sonnenberg, *Gönnheimer Sonnenberg, *Ilbesheimer Sonnenberg, *Kindenheimer Sonnenberg, *Leinsweiler Sonnenberg, *Mühlheimer Sonnenberg, *Neuleininger Sonnenberg, *Oberotterbacher Sonnenberg, *Rechtenbacher Sonnenberg,

*Schweigener Sonnenberg , *Schweighofer Sonnenberg, *Weisenheimer am Berg Sonnenberg.

Eine Südhanglage ist auch das *Immesheimer Sonnenstück und ein feiner Wein wächst in *Siebeldingen Im Sonnenschein. Der Name des *Kleinniedesheimer Vorderberg will besagen, dass hier der vordere Teil des Berges von der Sonne beschienen wird, im Gegensatz zum hinteren Teil, der meist im Schatten liegt.

Die Lagennamen *Osterberge* meinen keine Berge, hinter denen der Osterhase zu Hause ist, oder auf denen früher Osterfeuer abgebrannt wurden. Dahinter verbergen sich Hügel, die, anders als die Sonnenhänge, nicht nach Süden, sondern nach Osten geöffnet sind, und leider nur von der Morgensonne beschienen werden, wie der *Ungsteiner Osterberg*, der *Großkarlbacher Osterberg* oder der *Essinger Osterberg*. Der *Niederkircher Osterbrunnen* wurde nach einem Born im Osten der Gemarkung genannt.

Kalk und Kiesel

Die Bodenbeschaffenheit ist von großer Bedeutung für die Qualität und den Geschmack eines Weines. Waren es besonders gute Eigenschaften, die ein Wingertboden hatte, so konnte es vorkommen, dass der Weinberg seinen Namen nach seiner Erde erhielt.

Der *Duttweiler Kalkberg* beispielsweise verdankt seinen Namen dem Vorkommen von tertiärem Kalk, der sich beim Abfluss der urzeitlichen Meere an vielen Stellen des Rheingrabens abgelagert hatte.

Die *Frankweiler Kalkgrube* weist darauf hin, dass hier früher in einer nahe gelegenen Grube Kalk abgebaut wurde, oder der Weinberg sogar auf dem Gelände dieser alten Grube liegt. In Leistadt stand im 15. Jahrhundert nachweislich ein Kalkofen, nach dem der *Leistadter Kalkofen* benannt wurde. Auch der *Deidesheimer Kalkofen* verdankt seinen Namen dem Standort eines Kalkbrennofens. Krümeliger, kreidiger Boden deutet in Kallstadt darauf hin, dass der *Kallstadter Kreidkeller* nach Kreidevorkommen und Kalkabbau in dieser Gegend benannt wurde.

Besteht ein Boden aus grobkörnigem Sand, durchsetzt mit vielen kleinen Steinen, so sprechen wir von Kies oder Kiesel. Auch hier kann es sich um Ablagerungen aus Meeren des Tertiärs handeln, die hauptsächlich bei Hügeln und Bergabhängen zu finden sind. Weinberge mit solchen Bodenverhältnissen tragen dann Namen wie *Kleinkarlbacher Kieselberg* oder *Erpolzheimer Kieselberg*. Auch der *Deidesheimer Kieselberg* und der *Bobenheimer am Berg Kieselberg* sprechen davon, dass die Böden dieser Weinlagen mit Kies und Sand stark durchsetzt sind.

Lehm und Letten

Fruchtbare Lehmböden aus Löss mit wechselndem Kalkgehalt überwiegen bei den Bodenarten des Pfälzer Wingerts- und Ackerlandes. In hell- bis dunkelgrauer Farbe sind sie tiefgründig und nähren die Reben mit ausreichend Wasser und Nährstoffen für ein kräftiges Wachstum. Neben den Lehmböden gibt es die Tonböden aus angeschwemmtem Material. Doch Laien machen in der Regel keinen Unterschied zwischen diesen beiden Bodenarten. Die Pfälzer Sprache hat für beide nur ein Wort: *Letten*. Weil sein Vorhandensein so selbstverständlich war, wurde eine Flur nur dann nach dem Letten benannt, wenn er in der Gemarkung eine Besonderheit war. Und Lettenböden haben es in sich.

Was der *Deidesheimer Letten* aus der Erde herausholt, muss man sich erst einmal auf der Zunge zergehen lassen. Und vom kräftigen Hainfelder Letten sollte man ruhig öfter mal *ein Maul voll* nehmen.

Eine besondere Art Lehmboden findet sich in Edenkoben. Es ist der sogenannte Kohleletten, ein Tonboden, der mit

verkohlten Pflanzenresten durchsetzt ist. Er hat wegen seiner tiefdunklen Farbe dem dort wachsenden Wein den Namen *Edenkobener Schwarzer Letten* gegeben.

Sand und Steine

Aus der Art und Zusammensetzung seines Bodens bezieht der Wein wesentliche Merkmale seines Geschmacks. Steinige Böden bringen fruchtige, nervige und elegante Weine hervor. Solche Böden waren nicht immer eine Freude der Winzer. Solange das Unkraut noch mit der Hacke zwischen den Rebstöcken kleingehalten werden musste, machte ein steiniger Wingert schon arge Mühe.

Dafür hat dieser Boden aber den Vorzug, dass er bei ausreichender Nährstoffzufuhr und Wasserversorgung sehr lange die Wärme speichern kann. Das bekommt der Süße der Trauben sehr gut.

Der *Kirchheimer Steinacker* verdankt einem derart steinreichen Boden seinen Namen, ebenso der *Kallstadter Steinacker*. Der Wingert, in dem der *Bad Dürkheimer Steinberg* wächst, kann sich über zu wenig Steine auf seinem Hang auch nicht beklagen. Auch der *Heuchelheimer Steinkopf* ist nach einem mit vielen Steinen durchsetzten Berghang benannt.

Sandboden, mit vielen kleinen Steinen vermischt, nennen wir Kies. Das mittelalterliche Wort dafür war *grien* oder pfälzisch *grain*. Von daher hat der *Neustadter Grain* seinen Namen, weil er auf einem lehmigen Boden wächst, der mit viel Kies durchsetzt ist. Auch der *Deidesheimer Grainhübel* gedeiht auf einem Hügel aus Kiesboden.

Basalt, wegen seiner schwarzen Farbe auch Pechstein genannt, begründet den Namen für den *Forster Pechstein*. Der Abraum aus dem dortigen Steinbruch wurde früher von den Winzern in die Weinberge eingebracht, weil mit den Basaltbrocken die Wärmespeicherung des Bodens erhöht werden konnte. Schieferartiger Boden aus Grauwacke,

mundartlich *Schäwer* genannt, führte zum Namen des
Burrweiler Schäwer. Das *Appenhofener Steingebiss* ist nach
der Nachbarschaft des Weinberges zu einem alten Steinbruch benannt. Nach dem mittelhochdeutschen Wort *boz*
oder *buz*, das *Schlag* oder *Stoß* hieß, nannte man einen
Steinbruch früher *Steinboz* oder *Steinbuz*. Daraus wurde
später die Bezeichnung *Steingebiss*.

Auch einzeln stehende, markante große Steine in der
Landschaft konnten zu Namensgebern werden. So sind
wahrscheinlich die Weine **Knittelsheimer Gollenberg* und
*Bellheimer Gollenberg nach einem mehrere Meter hohen
Menhir benannt. Dieser *Hinkelstein* wurde in der Gegend
Gollenstein genannt. Auch der **Kindenheimer Katzenstein*
ist nach einzeln liegenden Steinen benannt, wobei das Wort
Katze nicht das Tier auf Samtpfötchen meint, sondern auf
etwas Minderwertiges, wie bei *Katzengold*, hinweist. Der
Name Katzenstein könnte auch mit dem Wort *stirn*, womit eine freie, entblößte Fläche gemeint ist, in Verbindung
gebracht werden. Dann wäre eine ehemalige Kultstätte, mit
Steinen abgesteckt, der Ursprung dieses Weinnamens.

Formen und Farben

Einige Weinberge tragen Namen, die sie einzig und allein ihrer persönlichen, besonderen und charakteristischen Form oder Farbe verdanken. So war der *Deidesheimer Langenmorgen* eine schmale und langgestreckte Parzelle, die etwa einen Morgen maß. Der *Vollmersweiler Krapfenberg* beschreibt die wie einen Haken (mittelhochdeutsch *krapfen*) gebogene Form des Hügels. Ähnlich das *Kallstadter Horn*, ein wie ein Horn gebogener Wingert. Der Wein mit dem Namen *Ruppertsberger Spieß* wird auf einem spitz zulaufenden Flurstück angebaut, das an die Form eines Spießes erinnert. Ein Hügel (*bühel = böhl*) in der Form eines Schenkels gab den Namen für den *Wachenheimer Schenkenböhl*. Als Großlagenname gibt es ihn auch als *Bad Dürkheimer Schenkenböhl*. Hier könnte allerdings auch der Familienname Schenk Pate gestanden haben. Die *Heßheimer Lange Els* ist eine verkürzte Namensform und hieß ursprünglich *die langen Elsenäcker*. Auch der Frauenname Else oder gar die Elsbeere (cratagus torminalis) könnten diesem Eigennamen zugrunde liegen.

Seine auffällige dunkle und sehr fruchtbare Erde hat dem Weinberg *Kirchheimer Schwarzerde* den Namen gegeben. Der schwarze Grund ist ein für den Weinbau sehr geeigneter Boden. Auch Weine der Nachbargemeinden dürfen diesen Großlagennamen benutzen: *Bissersheimer Schwarzerde, *Dirmsteiner Schwarzerde, *Gerolsteiner Schwarzerde, *Großkarlbacher Schwarzerde, *Großniedesheimer Schwarzerde, *Heßheimer Schwarzerde, *Heuchelheimer Schwarzerde, *Kleinniedesheimer Schwarzerde, *Laumersheimer Schwarzerde, *Obersülzener Schwarzerde.

Eine ganz andere, intensiv rote Farbe kann zum Wingert-
namen *Hochstadter Roter Berg* geführt haben. Es ist hier
auch nicht auszuschließen, dass es sich um einen Rodungs-
berg handelt. Glühwürmchen und Irrlichter an verrufenen
Orten werden in der Pfalz *Feuermännchen* genannt. Von
ihrem Leuchten in der Nacht hat der Wein *Neuleininger
Feuermännchen* seinen Namen. Altes Brauchtum um das
Stabausfest ist gleichfalls ein Motiv für die Weinnamen gewesen.

Gold und Rosen

„Und golden funkelt im Glase der Wein". Wem fällt bei Weinnamen, die mit Gold gebildet sind, nicht gleich diese Liedstrophe ein? Der Ordnung halber muss hinzugefügt werden: wenn es sich um Weißwein handelt. Goldnamenweine werden jedoch nicht ihrer Farbe wegen so geheißen, sondern nach dem Sonnenglanz, in dem ihre Weinberge liegen. Denn es handelt sich dabei meist um sonnenbeschienene Südlagen. Auch gelbliche Bodenfarbe oder glimmerndes Material im Weinberg, sogenanntes Katzengold, können zu der Bezeichnung geführt haben. Auch die Möglichkeit, dass es sich dabei um sehr ergiebiges und fruchtbares Weinbergsland handelt, ist als Deutung nicht auszuschließen. Die große Zahl der Weine mit *goldenen* Namen bestätigt auf jeden Fall, dass sie alle goldrichtig liegen, an welchem Hang auch immer sie angebaut werden. Wie der *Asselheimer Goldberg, *Bissersheimer Goldberg, *Erpolzheimer Goldberg, *Freinsheimer Goldberg, *Sausenheimer Goldberg, *Weisenheimer am Sand Goldberg.

Der Name *Wachenheimer Goldbächel* taucht zum ersten Mal im Jahre 1837 auf. Bis dahin hieß die Lage nur *Bächel*. Das Auffinden von Katzengold oder Funde von wirklichen Goldmünzen könnten dann die Erweiterung des Namens bewirkt haben. Dass ein Wingert für einen Winzer in einem besonders guten Jahr zur Goldgrube werden kann, erklärt noch nicht den Namen der *Bockenheimer Goldgrube. Hier handelt es sich um einen Weinberg in einer Senke mit besonders fruchtbarem Boden. Auch das *Gauersheimer Goldloch* ist so zu verstehen, wobei es möglich ist, dass es sich hier um einen Spottnamen handelt, weil die kargen Böden dieser Weinberge ganz bestimmt keine Goldgrube waren.

Die Namen des *Niederhorbacher Silberberg* und des *Walsheimer Silberberg* weisen auf silberglänzendes Material auf diesen Hängen hin. Es könnten auch hier Bezeichnungen für besonders gute Lagen sein.

Was das Gold unter den Metallen, das ist die Rose unter den Blumen: die Edelste. Kein Wunder, dass sich Weine gerne mit dem Namen dieser *Wunderschönsten von allen* zieren. Den Glanz des Goldes und den Duft der Rosen auszustrahlen, kann einen Wein nur schmücken und seine Wertschätzung bestärken. Tatsächlich kommen die Rosennamen unter den Pfälzer Weinen daher, dass in früheren Zeiten, ehe Kataster und Vermesser unsere Fluren maschinen- und traktorengerecht abgeräumt haben, viele Wildrosenhecken unsere Felder und Berghänge säumten, zur Freude der Vögel und Schmetterlinge und zum Entzücken der Menschen. Nach ihrem früheren Bewuchs mit Heckenrosen sind später viele Weinberge genannt worden: *Arzheimer Rosenberg, *Mühlhofener Rosenberg, *Birkweiler Rosenberg, *Siebeldinger Rosenberg, *Steinweiler Rosenberg.*

Auch der *Freinsheimer Rosenbühl* wächst an einem Hang, *bühel*, der ehedem mit herrlichen Heckenrosenhecken bestanden war. Seinen Namen tragen als Großlagenbezeichnung auch der *Erpolzheimer Rosenbühl*, der *Lambsheimer Rosenbühl* und der *Weisenheimer am Sand Rosenbühl*. Von Rosenhecken umsäumt oder mit Heckenrosen bewachsene Flurstücke waren der: *Edesheimer Rosengarten*, *Friedelsheimer Rosengarten*, *Kapellener Rosengarten*, *Obrigheimer Rosengarten*, *Rhodter Rosengarten*.

An einen Haus- und Familiennamen, das *Haus zum Rosenkranz* oder eine Familie namens Rosenkranz erinnern der *Böchinger Rosenkranz* und das *Roschbacher Rosenkränzel*.

Voll Seligkeit

liegt in der Luft

des Weines und

der Rosen Duft.

(Karolina von Waldeck)

Wege und Gassen

Um in seiner Flur zu jedem Flurstück zu kommen, braucht der Mensch Wege. Wollen Bauern und Winzer ihre Felder und Wingerte erreichen, müssen sie sich *Fahrten* anlegen, die sie so lange befahren, bis sie eingefahren und schließlich ausgefahren sind. Heute, nach Flurbereinigung und Begradigung verbinden breite, bequeme, asphaltierte und traktorengerechte Feldstraßen unsere Felder und Weinberge. Früher genügten die grasbewachsenen Feldwege für die Ochsenkarren und Pferdegespanne. Die Wege passten sich dem Gelände an, machten eine Kurve, wenn sie einen Baum oder ein Wasserloch umgehen mussten, stiegen langsam und gemütlich an, damit sich die Ochsen und Gäule nicht zu sehr anstrengen mussten und auch den beladenen Wagen noch ziehen konnten. Die Form, der Verlauf oder das Ziel eines Weges gaben Weinbergen, die sozusagen am Weg lagen, ihre Namen. So ist der *Bissersheimer Steig* ein Wein, der an einem schmalen und steilen Weg, einer Steige, wächst. Das *Geinsheimer Gässel* heißt nach einem schmalen Weg, einem Gässel, das zwischen Hecken und Zäunen hindurchführt. An Wegen, die zu Burgen hinaufführten, lagen die Wingerte des *Kindenheimer Burgweg* und des *Lambsheimer Burgweg*. Sind auch die Burgen verschwunden, so blieben doch ihre Lagen- und Weinnamen bis heute erhalten.

Auch der *Weisenheimer am Sand Burgweg* heißt nach der burgähnlichen Anlage eines alten Wartturms, der in der Nähe eines Wegkreuzes am Großkarlbacher Weges gestanden hatte. Vom gleichen Weg am Beobachtungsturm vorbei hat auch der *Großkarlbacher Burgweg* seinen Namen.

Römerweg und Römerbrunnen

Die alte Römerstraße zwischen Weißenburg und Alzey hat in den Gemarkungen der Gemeinden, die an der Deutschen Weinstraße liegen, an vielen Stellen ihre Spuren hinterlassen. Funde aus der Zeit Caesars und seiner Nachfolger, aber auch Erinnerungen an römische Einrichtungen und Bauten haben Flurstücken und Weinbergslagen ihren heutigen Namen gegeben. Die Lage *Kirrweiler Römerweg* befindet sich an dieser alten Römerstraße, ebenso die Lage *Kirchheimer Römerstraße*. Ein Brunnen, an dem sich Legionäre und Kaufleute mit Wasser versorgten, gab dem *Hambacher Römerbrunnen* später seinen Namen.

Auch römische oder spätere Aussichtspunkte und Beobachtungsplätze wurden Namensgeber für pfälzische Weine. *Den Blick auf etwas richten, Ausschau halten, beobachten* und dabei auf etwas *warten* hieß lateinisch *speculare*, was wir heute noch im Begriff *spekulieren* kennen. Der Ort, von dem aus man die Gegend beobachtete, auf etwas wartete, hieß *Warte*. Das Lateinische Wort dafür ist *Speculum* und bedeutet gleichzeitig *Spiegel*. Daraus entstand der Gewannenname Spiegel.

In der Mußbacher Gemarkung an der Römerstraße wächst der Wein *Mußbacher Spiegel*. Auch der *Meckenheimer Spielberg* meint einen solchen Beobachtungspunkt, ebenso wie der *Bad Dürkheimer Spielberg*. Aus Spiegelberg ist Spielberg geworden. Der Dürkheimer Weinname könnte allerdings auch nach einem *Vogelspiel* der Grafen von Leiningen benannt worden sein. Diese unterhielten nämlich auf dem Gelände des heutigen Spielbergs einen Fangplatz für Wacholderdrosseln. Der Name *Ungsteiner Weilberg* ist eine Verkürzung der alten Bezeichnung *Weilerberg*. Damit war ein Hügel bei einem früheren römischen Gutshof, genannt *Villa rustica* gemeint. Das lateinische Wort *villa* wurde später zum mittellateinischen Wort *villare* und daraus das deutsche Wort *weder*. Die römische Villa in Ungstein stammt aus dem 1.-5. Jahrhundert nach Christus und wurde bei Flurbereinigungsarbeiten im Jahre 1981 freigelegt.

Brunnen und Quellen

Quellen waren für die Menschen schon immer Orte, denen sie mit besonderer Achtung und Verehrung begegneten. Das lebensnotwendige, erfrischende und kostbare Wasser entsprang dort der Erde. Eine Quelle, ein *Born*, stand von alters her in Verbindung mit den Göttern und den Heiligen. Das Wasser, das lebenspendend zutage trat, wurde als Geschenk der Göttinnen der Erde angesehen. In christlicher Zeit traten Heilige als Hüter der Quellen die Nachfolge der Göttinnen an. So bekamen die Weinberge in der Nähe von Brunnen und Quellen nach diesen heiligen

Orten ihren Namen: Der *Schwegenheimer Bründelsberg* ist nach einer kleinen, gefassten Quelle, nach einem *Brünnel* benannt, das am Fuß des Berges entsprang. Der Name des *Albisheimer Heiligenborn* zeigt deutlich die Verehrung eines Heiligen.

Auch der *Flemlinger Vogelsprung* ist ein Quellenname. Da, wo das Wasser aus der Erde *sprang*, sammelten sich gerne die Vögel bei der Tränke.

Hütten und Mühlen

Fast jeder Ort hatte früher seine Mühlen. Sie gehörten so selbstverständlich zum Dorf wie die Schmiede. Die Mühle lag meist etwas außerhalb, da wo der Mühlbach sich gut stauen ließ. Denn der Müller musste immer genug Wasservorrat haben, um das große Mühlrad in Schwung zu halten. Die großen Getreidemühlen mahlten Roggen und Weizen zu Mehl. Die kleinen und seltenen Ölmühlen gewannen aus Lein, Raps, Mandeln, Nüssen, Mohn, Rübsam und Bucheckern kostbares Öl für Salben und Speisen.

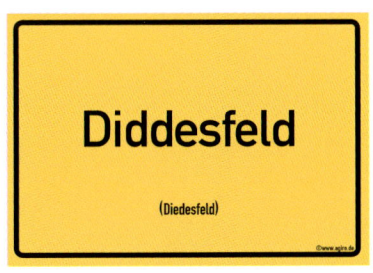

Nach einem kleinen Weg, einem *Gässel*, das zu einer solchen Ölmühle führte, sind das Flurstück und der Wein *Diedesfelder Ölgässel* benannt.

Auch der *Bobenheimer am Berg Ohligpfad* wird nach einem Weg zu einer Ölmühle genannt; denn in der dortigen Gegend heißt Öl mundartlich *Ohlig*. Ob der *Edenkobener Mühlberg* seinen Namen von einer Öl- oder Getreidemühle hat, lässt sich nicht mehr genau klären.

Neben den Mehl- und Ölmühlen gab es noch eine dritte Sorte Mühlen, die früher für die Menschen sehr wichtig waren. Das waren die *Lohmühlen*. Hier wurde die Rinde junger Bäume, vor allem von Eichen, zerkleinert und gemahlen. Die so entstandene Lohe verwendeten die Gerber zur Verarbeitung der Tierhäute zu Leder. Nach dem Standort einer ehemaligen Lohmühle sind die Lagennamen *Queichheimer Altes Löhl, *Landauer Altes Löhl und *Mörl-

heimer Altes Löhl entstanden. Die Mühle hat noch im Jahre 1841 in der Gegend gestanden.

Eine Pottaschhütte könnte der Grund für die Namensgebung des *Freinsheimer Oschelskopf* gewesen sein. Das mittelhochdeutsche Wort *usel* oder *osel*, pfälzisch *Oschel* ausgesprochen, bezeichnet ganz allgemein *Asche*. Pottasche war ein aus Pflanzenasche ausgelaugtes, in zwei Töpfen, Pötten, gesiedetes, alkalisches Salz, „so die Seifensieder brauchen". Möglicherweise hat aber auch der Aschenboden nach einem Waldbrand dem Oschelskopf seinen Namen gegeben.

Lein und Flachs

Einer der wichtigsten Stoffe für die Kleidung des Mittelalters wuchs auf dem Feld: der Flachs. Aus seinen Fasern wurde sowohl das feine Linnen für die Gewänder der adligen Herrschaften und reichen Kaufleute gewoben, als auch das grobe Leinen, daraus die Bauern ihre Säcke, aber auch ihre Wämser und Hosen machten. Flachs hieß im Mittelhochdeutschen *har*, die Verkleinerungsform war *herlich* oder *herlin*. Das gab dem **Eschbacher Herrlich* seinen Namen. Die Weinlage ist möglicherweise ein Land, auf dem Flachs angebaut worden war. Der Name *Herrlich* könnte aber auch von dem Wort *Härtling* abgeleitet sein, das harte Apfel- oder Pfirsichsorten meint. Härtling, mundartlich zu *Herrlich* geworden, würde dann eine schlechte oder frostempfindliche Lage, in der nur harte Früchte gediehen, bezeichnen. Als Großlagenname ist der Herrlich gültig für: **Göcklinger Herrlich, *Herxheimer Herrlich, *Herxheimwyherer Herrlich, *Ilbesheimer Herrlich, *Impflinger Herrlich, *Insheimer Herrlich, *Leinsweiler Herrlich, *Mörzheimer*

Wollmesem

(Wollmesheim)

Herrlich, *Rohrbacher Herrlich, *Wollmesheimer Herrlich.
Bei allen besteht kein Zweifel, dass sie so schmecken, wie sie heißen: einfach herrlich!
Auf ehemaligen Flachsanbau weist ganz deutlich und direkt der Lagenname **Deidesheimer Leinhöhle* hin. *Lin* war das alte Wort für Flachs und Leinen und die Höhle hat ihren Ursprung in dem

115

Wort *helde* für Halde, das sich in diesem Fall nicht zur *Hölle* sondern zu *Höhle* gewandelt hat. Ein Flachsfeld auf einem Abhang war also die heutige Flur Leinhöhle. Eine andere Pflanzenart war für den **Kleinkarlbacher Senn* namensgebend, *semede* nannte man Schilf und Binsen. Aus dem Wort wurde, verkleinert und mundartlich abgeschliffen, Senn, was bedeutet, dass dieser Wingert auf einer früheren Schilfwiese angelegt wurde.

> ... *und golden*
> *funkelt im Glase*
> *der Wein.*
>
> (Trinklied)

Wald und Heide

Im Wald und auf der Heide kann man sich Heideröslein und Heidekraut vorstellen, Birken und Wacholderbüsche, Schafherden und Kaninchen, aber wohl kaum Weinberge. Die Weinnamen, die eine Beziehung zu Wald und Heide herstellen, entstanden jedoch schon zu Zeiten, als es in der Pfalz durchaus noch viele Wald- und Heideflächen gab,

die erst später zu Wingertsland umgewandelt wurden. Noch heute reicht in manchen Orten der Wald bis an die Wingerte heran und noch vor wenigen Jahren kletterten viele Weinberge auf den Terrassen der Südhänge bis zum Waldrand hinauf.

Mit der Heide hat es eine etwas andere Bewandtnis. Sie musste nicht unbedingt voll blühender Erika und blökender Schafe sein. *Heide* war vielmehr früher das allgemein gebräuchliche Wort für unbebautes, wild bewachsenes Land. Wurde es gerodet und mit Rebstöcken besetzt, so hieß es immer noch Heide, und der Wein, der dann dort wuchs, wie in Weyer, bekam den Namen **Weyherer Heide.*

Auch der *Edenkobener Heidegarten* gedeiht auf einem Land, das früher unbebaut war. Hinter dem Lagennamen *Morschheimer Im Heubusch* versteckt sich ebenfalls ehemaliges, mit Büschen bewachsenes Heideland. Aus Heidebusch, pfälzisch *Heibusch* gesprochen, wurde, wieder hochdeutsch geschrieben: Heubusch.

Waldnähe verraten Wingertsnamen, die mit dem Wort Forst gebildet sind; *vorst* bezeichnete ursprünglich nur den Wald, der der Herrschaft gehörte. Nur der Adel hatte das Recht, dort zu jagen, Holz zu schlagen oder zu roden. Im Gegensatz dazu stand der Markwald, der der Gemeinde gehörte, den Bauern zur Nutzung zur Verfügung.

Nicht nur der Ort Forst, auch der Wein *Edesheimer Forst* hat den Namen von ehemaligem Herrschaftswald. An

einem Weg, der zu einem solchen *vorst* führte, liegt der *Walsheimer Forstweg*. Nur mit dem *Burrweiler Altenforst* liegt es etwas anders. Hier wächst der Wein auf einer Flur, die zu dem untergegangenen Dorf Altenforst gehörte, das im 14. Jahrhundert zerfiel. Aber auch der Name des Dorfes dürfte aus seiner Nähe zu einem Herrschaftsforst entstanden sein.

Kiefern und Kastanien

Kiefern und Kastanien gehören zu den wichtigen und zahlreich vorkommenden Baumarten am Haardtrand. Der sandige und nicht sehr fruchtbare Boden gibt den anspruchslosen Kiefern immer noch genügend Halt und Nahrung. Die Edel- oder Esskastanie *Castanea sativa*, ursprünglich in Nordafrika, Westasien und Südeuropa heimisch, wurde vermutlich von den Römern in die Pfalz gebracht. Die Kastanienwälder, heute nur noch am Rand der Haardt zu finden, reichten früher bis weit hinein in die Rheinebene, ehe sie dort gerodet wurden und Weinbergen Platz machen mussten. Die im Verhältnis zu den Rosskastanien kleineren Früchte werden im Herbst als besondere Köstlichkeit zu Neuem Wein und Zwiebelkuchen geschätzt. Leicht angeritzt und auf dem Ofenblech oder im Backofen geröstet, kennen wir sie unter ihrem italienischen Namen: *heiße Maroni*. Auch gekocht als Gemüsepüree zu Rotkraut und Rouladen oder an Weihnachten in die Gans gefüllt, sind *Käschde* eine besondere Delikatesse der Pfälzer Küche. Aus dem sehr widerstandsfähigen Holz der Edelkastanie wurden, als hierzulande im Weinbau noch der sogenannte Kammerbau vorherrschte, die *Wingertsstiefel,* die *Lennerichbalken* und die *Trudelbalken* gemacht. Die Kammererziehung der Reben erforderte eine Holzkonstruktion, einer heutigen Gartenpergola nicht unähnlich, die aus verschieden dicken und langen Balken bestand. Daran konnten sich die Reben anlehnen und hochwachsen; Lennerich kommt von lehnen, *sich anlehnen.* Wie kostbar das Holz der Kastanie eingeschätzt wurde, zeigt ein Gerichtsurteil aus dem Jahre 1790, das besagt, dass der Diebstahl von ebendiesem Holz zehnmal höher bestraft wurde als die Entwendung von anderem Holz. Nach einem früheren, dann aber gerodeten Kastanienwäldchen erhielt der *Birkweiler Kastanienbusch seinen Namen. Auf die Nachbarschaft zu Kastanienbäumen oder den ehemaligen Standort von Kastanien weist der Weinname *Edenkobener Kastaniengarten hin. Die Kiefern, die auch Föhren heißen, trugen im Mittelalter den Namen *mantel*. In Verbindung mit dem Wort *vorst* nannte man einen Kiefernwald folglich *vorstmantel*. Mundartlich klang das wie *vuhstmantel*, und das hört sich fast genauso an wie *vuhsmantel*, also *Fuchsmantel*. So dürfen wir heute nicht den Irrtum begehen, es handele sich beim *Wachenheimer Fuchsmantel* um einen warmen Winterpelz. Obwohl dieser Wein einem das Herz schon erwärmen kann! Korrekt gedeutet handelt es sich bei diesem *vuhsmantel* um einen Wingert bei einem nahen Kiefernwald, also eigentlich einen *vorstmantel*. Auch der *Bad Dürkheimer Fuchsmantel* leitet folglich seinen Namen nicht von Füchsen, sondern von Föhren ab.

Nuss und Mandel

Im Herbst ist die Pfalz am schönsten. Zu keiner Jahreszeit zeigt sie eine solche Fülle: Wälder und Weinberge überbieten sich in üppiger Farbenpracht. Verlockende Düfte ziehen durch die Straßen und Gassen der Winzerdörfer. Emsige Traktoren ziehen voll beladene Anhänger hinter sich her. Auf allen Märkten und vor unzähligen Hoftoren werden Äpfel, Birnen, Zwetschgen, Pfirsiche, Nüsse, Mandeln, Aprikosen, Tomaten, Rettiche, Kohlköpfe und Trauben über Trauben angeboten. Ein gottgesegnetes Land!

Im Herbst muss das *Pfälzer Lied* entstanden sein: „Oh Pfälzer Land, wie schön bist du!" und auch die Strophe: „'s gibt kä schäner Lännel, 's gibt kä liewer Lännel wie die klä, die goldisch Palz am Rhei …"

Im Frühling ist die Pfalz nicht weniger schön. Nur anders. In dieser Jahreszeit entfaltet sie einen ganz besonderen Zauber. Alle warten jedes Jahr nach einem viel zu lang gewordenen grauen und trüben Winter auf die Nachricht:

„An der Deutschen Weinstraße blühen die ersten Mandeln." Bleibt die Sonne im März nur ein paar Tage über dem Land, dann öffnen sich binnen weniger Tage Millionen von zarten Mandelblüten, begleitet von dem kräftigen Gelb der Forsythiensträucher. Die dunklen Äste und Zweige scheinen wie von Zauberhand mit weiß und rosa schimmernden Flocken betupft. Wer die Pfalz in ihrer voll ausgereiften Schönheit erleben will, besuche sie im Herbst. Wer ihrem Charme begegnen will, sollte im Frühling hierher kommen. Der Mandelbaum, *Prunus dulcis* mit seinem botanischen Namen genannt, kam im Gepäck der Römer an den Rhein. Im Mittelmeerraum beheimatet, bekommt dem kleinen, im Sommer recht unscheinbar aussehenden Baum das Klima in der oberrheinischen Tiefebene sehr gut. Ohne seine köstlichen Kerne sind Zuckerplätzchen, Lebkuchen, Spekulatius, Marzipan und viele andere leckere Süßigkeiten nicht vorstellbar. Werden die Mandelkerne gemahlen und gepresst, so gewinnt man aus ihnen das kostbare und teure Mandelöl, das für feinste Speisen und zur Herstellung vieler Schönheitssalben Verwendung findet.

Heute werden Mandelbäume überwiegend als Schmuck und Zierde in den Vorgärten und entlang der Wege gesetzt. Doch in früheren Zeiten war die Mandelernte eine wichtige Einnahmequelle der Weinbauern. In einem „Öconomischen Lexikon" aus dem Jahre 1503 heißt es dazu: „Denn in den Weinbergen am Main und Rheinstrom und Speyer und in der bergstraszen trefflich fortkommt, also dasz von denen dasigen bauern ganze wägen voll mandeln in die umliegende orte zu markte gebracht werden." Es gab regelrecht angelegte und eingefriedete Mandelkulturen. Vom Standort dieser Mandelgärten haben viele Weine ihre Namen abgeleitet.

Für die Großlage *Maikammerer Mandelhöhe* und *Kirrweiler Mandelhöhe* ist der Mandelanbau urkundlich belegt. Es wird erwähnt, dass die Ernte aus den Gütern an das Allerheiligen- und Germansstift in Speyer abgeführt werden musste. Der *Edesheimer Mandelhang* erinnert an einen mit Mandelbäumen bestandenen Abhang und der *Dackenheimer Mandelröth* an gerodetes Land, das mit diesen Bäumen bepflanzt war. Die vielen Weine, die heute *Mandelgarten* heißen, wachsen wahrscheinlich allesamt auf Flächen, die früher voller Mandelbäume standen, ehe sie mit Reben besetzt wurden, wie der *Gimmeldinger Mandelgarten, *Gönnheimer Mandelgarten, *Wachen-*

heimer Mandelgarten, *Weisenheimer am Berg Mandelgarten.
Bei den Weinlagen **Billigheimer Mandelpfad, *Dirmsteiner Mandelpfad, *Obrigheimer Mandelpfad* und **Rohrbacher Mandelpfad* können wir uns gut vorstellen, dass hier die Wege an den Weinbergen entlang dicht mit Mandelbäumen gesäumt waren. Auch der **Haardter Mandelring* – so heißt heute auch die Hauptstraße durch das lang gezogene Straßendorf Haardt – leuchtet im Frühjahr in duftenden Mandelblüten.

Die Weine mit dem Namen *Mandelberg* wachsen entweder auf Hängen, die früher mit Mandelbäumen bestanden waren oder sie leiten ihren Namen vom altdeutschen Wort *mander* oder *mandel* für *Kiefer* ab. Dann wären die Mandelberge kiefernbestandene Hänge gewesen, wie der **Birkweiler Mandelberg, *Duttweiler Mandelberg, *Kirrweiler Mandelberg, *Laumersheimer Mandelberg.*

Die Nussbäume gehören ebenso in die Pfälzer Flur wie die Mandelbäume. Nüsse waren und sind nicht nur für die Weihnachtsbäckerei unentbehrlich, sondern auch nötig für die Gewinnung von Speiseöl. Vor allem in früheren Zeiten. Nussbäume haben zu einigen Flur- und Weinnamen geführt. Der **Ungsteiner Nußriegel* ist kein süßes Teilchen aus einer Bäckerei, er meint einen Bergriegel, auf dem Nussbäume standen, ehe Wein dort wuchs. Der **Ruppertsberger Nußbien* bezieht sich auf ein Gehege *biunde*, einen umzäunten Platz, auf dem Nussbäume gestanden hatten.

Unter den vielen köstlichen Früchten, die die Pfalz zu bieten hat, seien die Kirschen nicht vergessen. Zwei Weine haben diesem Baum, bzw. einer Sonderkultur im Besitz des Nonnenhofes vom Kloster Kirschgarten in Worms, ihren Namen zu verdanken: **Erpolzheimer Kirschgarten, *Laumersheimer Kirschgarten.*

Familie Hey und Oerther
D - 76891 St. Germanshof
Tel.: 0 63 94 / 14 55
Fax: 0 63 94 / 53 91
E-Mail: info@st-germanshof
www.st-germanshof.de

Wildvariationen, Pfälzer Spezialitäten,
Frische Forellen, Biergarten, Events

Weingut Deidesheim
Reichsrat v. Buhl Rheinpfalz

Forster Pechstein
Riesling Spätlese
Qualitätswein mit Prädikat   A. P. Nr. 5 106 044/14/72
ERZEUGERABFÜLLUNG

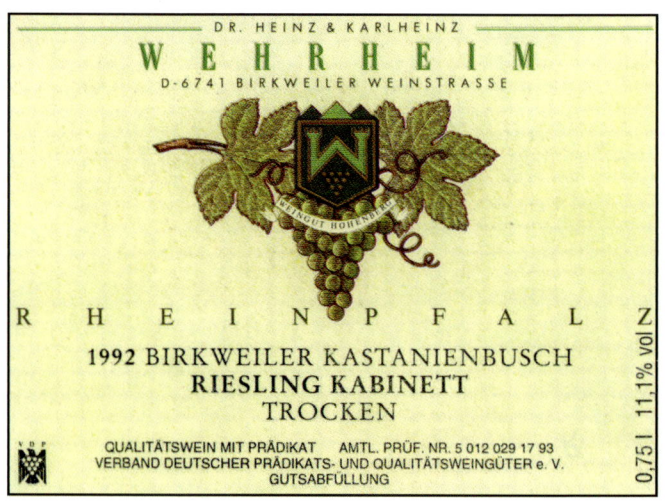

DR. HEINZ & KARLHEINZ
WEHRHEIM
D-6741 BIRKWEILER WEINSTRASSE

R H E I N P F A L Z

1992 BIRKWEILER KASTANIENBUSCH
RIESLING KABINETT
TROCKEN

QUALITÄTSWEIN MIT PRÄDIKAT   AMTL. PRÜF. NR. 5 012 029 17 93
VERBAND DEUTSCHER PRÄDIKATS- UND QUALITÄTSWEINGÜTER e. V.
GUTSABFÜLLUNG

0,75 l   11.1% vol

FORSTER UNGEHEUER.

A. Reichardt & Sohn, Weingutsbesitzer, Forst (Rheinpfalz).

Genießet bedächtig den funkelnden Tropfen. Euch wird das Herz vor Freude klopfen, trinkt Ihr den edlen deutschen Wein.

Deidesheimer Hofstück
Rheinpfalz

Emil Wissing KG, Weingut · Weingroßkellerei
Bad Bergzabern / Weinstraße

RHEINPFALZ

St. Martiner Riesling

Weingut Viktor Rößler, St. Martin/Weinstr., Einlaubstraße 6
Mitglied der Qualitätsweinbau-Vereinigung

Weingut Pfeiffer

KIRCHHEIM a.d. WEINSTRASSE

RHEIN   Qualitätswein   PFALZ

1973er

Kirchheimer Geißkopf

A. P. Nr. 5 125 079 5 74   Telefon 06359/2755

Wiesen und Weiden

Wo ehemals Wiesen und Weideland war, wurden später oft und gerne Weinberge angelegt. Der Boden war fruchtbar, ausgeruht und der Wein brachte den Bauern mehr Gewinn ein als Vieh- und Weidewirtschaft.

Nun vermuten wir hinter einem Weinlagennamen, der Wonneberg heißt, nicht unbedingt eine ehemalige Wiese. Wir denken eher an die Freuden und Wonnen, die ein dort gewachsener Wein uns zu bieten hat. Bedenken wir jedoch, dass das alte Wort für Wiese *wünne* heißt, so ahnen wir, dass auf einem früher mit Gras bewachsenen Hang, einem *Wünneberg*, leicht ein mundartlich veränderter Wonneberg entstehen konnte. In diesem Sinne sind die Weinnamen **Dörrenbacher Wonneberg* und **Bad Bergzaberner Wonneberg* zu deuten.

Der **Arzheimer Seligmacher* hat schon so manchen selig gemacht, der ihn in Maßen getrunken hat. Es ist auch schon manch einer selig entschlummert, der ihn unmäßig genossen hat. Doch der Name des Weines leitet sich, genau wie der des **Ranschbacher Seligmacher* nicht von seinen selig machenden Wonnen, sondern von den zwei Wörtern *sahle*, Mittelhochdeutsch für *Salweide*, und *maceria,* Lateinisch für *Einfriedung,* ab. Das Weinbergsgelände war also ursprünglich mit Salweiden bestanden bzw. eingefriedet. Aus der *salhemacheria* wurde der Seligmacher, ein Name, der wie kaum ein anderer den Gehalt und die Wirkung des Weines

130

auszudrücken vermag. Zu den Wiesen- und Weidenweinen gehört auch der *Wachenheimer Belz*. Er wächst auf einem Gelände, das früher vielleicht recht dicht mit niedrigem Gebüsch wie mit einem Pelz bewachsen war. Da pfälzisch Pelz *Belz* ausgesprochen wird, könnte das der Grund für den Namen dieses Weines sein. Es ist allerdings auch nicht auszuschließen, dass es sich hier um die verkürzte Form des Familiennamens Beltz handeln könnte.

*Wasser macht weise
und fröhlich der Wein,
drum trinke sie beide,
um beides zu sein.*

(Volksmund)

Gärten und Gehege

Einen Weinberg kann man nicht mit einem gewöhnlichen Acker vergleichen. Er wird nicht wie ein Feld gepflügt, eingesät, gedüngt und im Herbst abgeerntet. In einem Wingert wird das ganze Jahr über gearbeitet. Denn Reben brauchen, mehr noch als Bäume und Sträucher eines Obstgartens, dauernde Hege und Pflege. Im Winter werden sie geschnitten und ausgeputzt, im Frühjahr gebogen und gebunden, im Sommer gespritzt und im Herbst von der süßen Last ihrer Trauben befreit. Wie Spaliere, Beete und Rondelle einem Garten Struktur verleihen, so ordnen Zeilen, Stiefel und Drähte einen Weinberg. Ist ein Garten mit viel Mühe angelegt worden, so empfal es sich schon immer, ihn gegen Diebe oder wilde Tiere abzusichern und zu schützen. Mit Zäunen, Hecken und Mauern haben die Menschen ihre Gärten umgeben, ihre Weinberge oft mit schützenden Mauern aus dicken Sandsteinen, die viel Wärme sammeln und speichern können.

Die Besonderheit einer Weingartenanlage oder die spezielle Art seiner Einfriedung haben vielen Weinbergen ihren Namen gegeben. So heißt der *Grünstadter Roth* nach dem alten Wort *riute*, das Rodungsland bezeichnete. Der Name *Weisenheimer am Sand Hahnen* basiert auf dem Wort *haag* oder *nagen* und meint ein Wäldchen.

Ein *benn* war ein eingezäunter Platz. Dieses Wort, von mittelhochdeutsch *biunde* abgeleitet, und heute nicht mehr gebräuchlich, ist in dem Weinnamen *Mühlheimer Benn* erhalten. Auch der Wein *Albsheimer Benn* heißt nach einem solchen alten Gehege. In einem auf der Höhe gelegenen ehemals eingefriedeten Weingarten wächst der

132

Bad Dürkheimer Hochbenn. Auch der *Bissersheimer Orlenberg* könnte zu dieser Art Weingärten gehören. Wahrscheinlich entstand sein Name aus dem alten Wort *urle* für Tür oder Türband. Es meint den Durchlass zu einer umfriedeten Koppel. Allerdings könnte dieser Wein seinen Namen auch von einem mit Erlenbäumen (*Orlen*) bewachsenen Berg haben.

Einen jungen Zweig, einen Schössling, nannte man *Lote* oder *Lotte*. Ein ganz junger Weinberg, mit lauter jungen Schösslingen besetzt, wurde als *Lott* oder *Latt* bezeichnet. Möglicherweise haben daher der *Albersweiler Latt* und der *St. Johanner Latt* ihre Namen.

Einer Schutzhütte in einem Weingarten, der etwas weiter außerhalb des Ortes lag, scheint die *Sausenheimer Hütt* ihren Namen zu verdanken.

Fuchs und Has

Wo Fuchs und Has sich Gute Nacht sagen, ist nicht viel los, die Gegend still und einsam und lärmende Menschen weit weg. Felder und Äcker liegen nahe am Wald. Der Fuchs kann ungestört auf Jagd gehen und in Ruhe seine Jungen großziehen. Auch die furchtsamen Hasen haben nicht viel zu fürchten und können genüsslich Kohl und Rüben mümmeln. Wo Fuchs und Has besonders stark vertreten waren, wurden Flurstücke nach ihnen benannt.

So hat das *Rödersheimer Fuchsloch* seinen Namen nach dem Bau einer Fuchsfamilie erhalten. Auch das *Hochdorfer Fuchsloch* ist nach der Behausung des Meister Reineke benannt.

Das überaus zahlreiche Vorkommen von Hasen in der Flur hat dem *Eschbacher Hasen* seinen Namen eingetragen. Weil aber die flinken Lampes den Jägern nur selten vor die Flinte kamen, wurde ihretwegen im Herbst eine große Treibjagd veranstaltet, auf der sie dann gleich zu Hunderten erlegt wurden. Das Feld, auf das die Hasen getrieben, mittelalterlich *gehurzt*, wurden, hieß Hurzfeld, nach dem alten Wort *hurzen* für *hetzen* oder *jagen*. Aus dem Hurzfeld wurde durch umgangssprachliche Veränderung das *Leistadter Herzfeld*.

Zur Markierung der Grenze eines fürstlichen Jagdreviers setzte man früher eine Stein- oder Holzsäule. Sie wurde *Hasensäule* genannt, weil an den Pfosten das Bild eines Hasen genagelt war. Da in einem späteren Weinberg an dieser Stelle wegen der Waldnähe bestimmt oft Hasen und Karnickel durch die Wingertzeilen hoppelten, ist auch aus diesem Grund aus dem Lagennamen Hasensäule schnell die *Weisenheimer am Sand Hasenzeile* entstanden.

HAHN
PAHLKE

67271 BATTENBERG
KIRCHGASSE 1
TEL: 0 63 59 – 21 18
WWW.HAHN-PAHLKE.DE
INFO@HAHN-PAHLKE.DE

Empfohlen von GaultMillau, Eichelmann und dem Feinschmeckermagazin:

„Ausgezeichnete Weine vom Balkon der Pfalz!"

Wölfe und Schafe

Wo Schafe weideten, war der Wolf nicht weit. So kennen wir es aus dem Märchen. Und so war es früher auch. Heute gibt es in der Pfalz keine Wölfe mehr, wenn wir von einigen Wölfen im Schafspelz einmal absehen.

Schafherden sind auch zur Seltenheit geworden. Doch einige Flur- und Weinlagennamen erinnern uns heute noch an die Zeiten, in denen man die Schafe vor dem bösen Wolf hüten musste.

Der *Großniedesheimer Schafberg* ist eine Lage, die früher wohl eine Schafweide war. Sie gehörte zum Besitz der Klöster Schönau und Rosenthal.

Der *Schweighofer Wolfsberg* erinnert daran, dass in diesem Gemarkungsteil Wölfe heimisch waren. Wobei der Name dieses Weines auch von einem Besitzer namens Wolf herrühren könnte.

Hält man eine Flasche *Ruppertsberger Linsenbusch* in der Hand, so denkt man beim Betrachten des Etiketts möglicherweise an einen deftigen Eintopf oder das biblische Linsengericht, aber nicht unbedingt an einen hinter den Büschen lauernden Wolf. Weiß man jedoch, dass *linse* das mittelalterliche Wort für Wolf war, so erkennt man, dass es sich hier um ein Buschgelände handelt, von dem aus der Wolf auf die Jagd ging.

Geißen und Ziegen

Die *Gääß*, die Ziege, galt zu allen Zeiten als die Kuh der armen Leute. Wer kein Feld hatte, keine fette Weide mit saftigem Gras für Kühe und Pferde, der konnte sich höchstens eine oder zwei Ziegen halten, für ein bisschen Milch und Käse. Es war meist die Aufgabe der Kinder, die Ziegen zu hüten. Am Rand der Wege, am Saum des Waldes, konnten die *Gääße* ihr kärgliches Futter finden. In manchen Orten gab es auch Gemeindeland, auf dem alle Ziegen des Dorfes gemeinsam gehütet wurden.

Weinberge in der Nähe solcher ehemaliger Ziegenweiden tragen heute die Namen **Herxheimweyherer Am Gaisberg* oder **Kirchheimer Geißkopf*. Das alte Wort *bühel* oder *böhel*, für einen kleinen Hügel, gab in Verbindung mit einer Nutzung als Ziegenweide dem **Ruppertsberger Gaisböhl* seinen Namen. Die Geißbockversteigerung am Dienstag nach Pfingsten in Deidesheim erinnert bis heute daran, welche Bedeutung die Ziegen für arme Leute hatten. Der reichen Weinbaugemeinde Deidesheim gehörte der Wald bis weit hinein ins Lambrechter Tal. Die Deidesheimer hatten den armen Lambrechtern, die meist Köhler und Waldarbeiter waren, das Recht zugestanden, ihre Geißen auf den Deidesheimer Waldwiesen zu weiden. Als Tribut mussten die Lambrechter in jedem Jahr ihren schönsten und stärksten Geißbock in Deidesheim abliefern. Dem jüngsten Hochzeitspaar kam die Aufgabe zu, das Tier durch den Wald nach Deidesheim zu führen. Dort wurde es auf der Rathaustreppe an den Meistbietenden versteigert. Dieser Brauch ist heute noch lebendig, auch wenn die Lambrechter nur noch wenig Ziegen im Deidesheimer Wald grasen lassen.

Vogelsang und Lerchenschlag

Weinberge sind heute keine guten Orte mehr für unsere Singvögel. Viel zu viel Lärm herrscht dort das ganze Jahr. Nie kehrt richtig Ruhe ein, die Vögel so dringend brauchen, wollen sie sich wohlfühlen. Ratternde Traktoren und dicke Wolken chemischer Spritz- und Sprühmittel vertreiben unsere Sänger immer mehr. Früher war das anders. Da lagen zwischen den Weinbergen noch viele geschützte Inseln von Büschen und Sträuchern an den Wegrändern, die den Vögeln genügend Nistplätze boten. Je höher am Berg ein Wingert angelegt war, umso näher war er dem Wald und umso zahlreicher waren die Vögel und ihr Gezwitscher in seiner Umgebung. Dann hießen die Weinberge wie sie klangen: *Weisenheimer am Berg Vogelsang,* oder *Kindenheimer Vogelsang* oder *Bockenheimer Vogelsang.* Von besonderem Klang war der Gesang der Lerchen. Von den Vögeln, die sich schon sehr früh am Morgen in die Lüfte erhoben, schwärmte schon der berühmte Arzt Paracelsus: „ist als vil gesprochen als ain lobvogel, darumb daz er gar froeleich in den Lüften singet." Doch auch als Delikatessen auf dem Speisezettel waren Lerchen begehrt, „wenn sie nur recht fett waren."

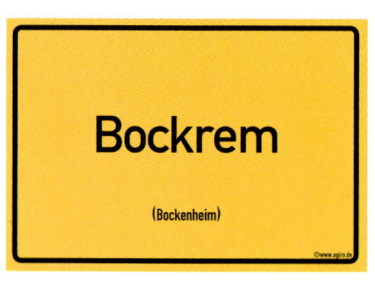

Mit Netzen und mit Leim beklebten Garnen wurden sie gefangen, wenn sie sich im Herbst sammelten, um nach Süden zu ziehen. Die Hänge, an denen Lerchen nisteten oder die Plätze, an denen sie leicht zu fangen waren, hießen später, als sie längst zu Wingertsland geworden waren, nach diesen herrlichen Singvögeln. Wie der *Kapsweyer Lerchenberg*. Wenn man mit diesem Wein anstößt und sein Ohr dicht an das Glas hält, kann man noch ganz leise und ganz fern den Gesang der Lerchen hören.

Auch der Name des *Lachener Lerchenböhl* erinnert, dass hier ein Hügel, *böhl*, von Lerchen bevölkert gewesen sein muss. In Gerolsheim ist aus dem ursprünglichen Lerchenhügel, dem Lerchenbühel, durch mundartliche und lautmalende Veränderung das *Gerolsheimer Lerchenspiel* geworden.

> # Wein
> # ist die
> # Nachtigall
> # unter den
> # Getränken.
>
> (Voltaire,
> französischer Philosoph)

Hellerhütte
Mitten im Herzen der Pfalz!

Öffnungszeiten:

Mittwoch – Sonntag bis 18.00 Uhr
Donnerstag ist länger geöffnet
(bis Mitte September)
Montag & Dienstag ist Ruhetag

Telefon: 06321-1 48 18

E-Mail: info@hellerhuette.de

Adresse - GPS:
L08:03:07 B49:20:08 E008 °3.210 N49°20.160

Anzeige

Trappen und Schnepfen

Es gab Zeiten, da haben die Menschen alles, was in Feld und Wald kreuchte und fleuchte, gejagt und gefangen. Sie haben es gehäutet, gerupft, gesotten und gebraten und ihre Mägen damit gefüllt. Die Armen taten es aus schierer Not, um ihren Hunger zu stillen. Die anderen jagten zu ihrem Vergnügen und verspeisten das Erlegte oft nur, um ihren Gaumen zu kitzeln. Den Rest warfen sie den Hunden vor.

Wild, welches das niedere Volk erlegen und in Fallen fangen durfte, nannte man Niederwild. Es lag allerdings in der Willkür der hohen Herren zu bestimmen, was Niederwild war. Hasen, Karnickel, Füchse und Dachse gehörten auf jeden Fall dazu, manchmal auch kleine Vögel und Rehe, von denen es mehr als genug gab. Hochwild durfte nur erlegen, wer zu den Herrschaften gehörte und ein Gewehr trug. Vor allem Hirsche, Bären, Säue, Gemsen und Wölfe, aber auch die größeren Vögel wie der Auerhahn, waren den Herren vorbehalten. Schnepfen und Trappen gehörten ebenfalls zum Hochwild. Diese beiden Vogelarten kamen in früheren Zeiten in der Pfalz recht zahlreich vor. Sie lebten am Saum der Wälder und suchten dort Schutz und in den angrenzenden Feldern ihre Nahrung. Die Waldschnepfe *scolopax rusticola* war fast rebhuhngroß, hatte einen ziemlich großen Kopf mit einem langen Schnabel. Sie war durch ihre überwiegend braune Gefiederfärbung dem Wald- und Wingertsboden so weit angepasst, dass sie meist nur im Flug gesehen werden konnte. Ihre Balz, auch *Schnepfenstrich* genannt, erfolgte während der Dämmerung in niedrigem und langsamem Flug über Wald- und Feldgelände. Während der Balzzeit waren die Vögel in aufgespannten

Netzen oder an Schnüren, die mit Leim klebrig gemacht waren, leicht zu fangen.

In Forst hat eine Flur, über die die Schnepfen in der Balz *strichen* und wo sie gefangen wurden, den Namen *Schnepfenflug*. Nach dieser Lage ist der Wein **Forster Schnepfenflug* benannt worden. Als Großlagennamen für andere Nachbargemeinden erhielt er 1971 den Zusatz „von der Weinstraße". So gibt es heute die Weine: **Deidesheimer Schnepfenflug von der Weinstraße, *Forster Schnepfenflug von der Weinstraße, *Friedelsheimer Schnepfenflug von der Weinstraße, *Wachenheimer Schnepfenflug von der Weinstraße.*

Auch das Zellertal war eine schnepfenreiche Gegend. Der alte Zeller Flurname *Schnepfenflug* gab später den Namen ab für die dortige Großlage: **Albisheimer Schnepfenflug vom Zellertal, *Bolander Schnepfenflug vom Zellertal, *Einselthumer Schnepfenflug vom Zellertal, *Gauersheimer Schnepfenflug vom Zellertal, *Harxheimer Schnepfenflug vom Zellertal, *Immesheimer Schnepfenflug vom Zellertal, *Kerzenheimer Schnepfenflug vom Zellertal, *Kirchheimbolandener Schnepfenflug vom Zellertal, *Morschheimer Schnepfenflug vom Zellertal, *Niefernheimer Schnepfenflug vom Zellertal, *Ottersheimer Schnepfenflug vom Zellertal, *Rittersheimer Schnepfenflug vom Zellertal, *Rüssinger Schnepfenflug vom Zellertal, *Stettener Schnepfenflug vom Zellertal, *Zeller Schnepfenflug vom Zellertal.*

Schnepfen gehörten den hohen Herrn. Sie landeten folglich auch fast ausschließlich in den Kochtöpfen der Herrschaften. Dort wurde „allerley köstliche Speis" aus ihnen zubereitet. So schreibt der Churfürstliche Meintzische Mundtkoch M. Marxen Rumpolt in seinem *New Kochbuch* von 1561: „Von Schnepffen seind eilfferley Speiß vnd Trachten zu machen".

„1. Warm abgebraten mit schwarzem Pobrat, vnnd gespickt mit Speck / oder Zimmet vnd Neglein / gar klein / ist es auff beyde manier gut.

2. Gefricusierte Schnepffen

3. Eyngemachte Schnepffen in einer Ascherfarbenen Brüh. Wenn du die Schnepffen hast abgebraten / so nim darüber ein gute Rindtfleischbrüh / vnd Pettersilgen Wurzel / Saffran / vnd ein wenig gestossen Pfeffer vnd eyngebrennt Mehl / laß das miteinander eynsieden / vnd versalz es nit / so wirdt es sein graw / wenn du es kurz eynseudest / wirt es gut vnd wolgeschmack.

4. Gebraten vnnd kalt lassen werden. Nim ein Zitron / hacks klein mit einem Messer / mach es mit weissem Zucker / vnd geuß Zimmerwasser / dz distiilieret ist / daran thu es ober die kalte Schnepffen / vnd wenn du es wilt anrichten / so wirff darüber Margeranten Kern / so sihet es schön lieblich / und ist ein gut Essen.

5. Pasteten von Schnepffen kalt / so macht man die Köpf auff die Deckel / dass mans kennt / dass Schnepffen seind / wenn die Pasteten kalt seyn.

6. Magen vnd Leber zum Braten vnnd eynmachen / sampt den Därmen.

7. Gehack von Schnepffen / die gebraten / wenn du es gemacht hast / so geuß darüber ein gute Rindtfleischbrüh / vnnd laß darmit auffsieden / wenn du es wilt auff ein Tisch geben / so thu ein wenig sauren Senff / der mit Weinessig angemacht ist / darein / das ist gut vnd wolgeschmack / vnpurgieret das Häupt.

8. Karwenada von Schnepffen.

9. Auch Schnepffen in einem Pfeffer / oder gelb eyngemacht / oder eyngedämpfft mit Wacholderbeern vnd Kümel / fein säurlich.

10. Knödel von Schnepffen / es sey in Pasteten / oder zum eynmachen / ist es auff allerley manier gut.

11. Gehackts von Schnepffen / vnd mit Knobloch.“

Ähnlich den Schnepfen hat ein anderer jagdbarer Laufvogel später einer Weinlage seinen Namen gegeben: die Trappe *Otis tarda*. Sie war in Form und Größe einem Truthahn ähnlich, hatte eine kupferbraune Oberseite, eine weiße Unterseite, einen hellgrauen Hals und kräftige Lauffüße. Trappen waren lange in der Pfalz heimisch. Ihr zahlreiches Vorkommen in der Gegend um Freimersheim gab der heutigen Großlage den Namen: *Altdorfer Trappenberg, *Bellheimer Trappenberg, *Böbinger Trappenberg, *Bornheimer Trappenberg, *Essinger Trappenberg, *Freimersheimer Trappenberg, *Gommersheimer Trappenberg, *Großfischlinger Trappenberg, *Hochstadter Trappenberg, *Kleinfischlinger Trappenberg, *Knittelsheimer Trappenberg, *Lustadter Trappenberg, *Offenbacher Trappenberg, *Ottersheimer Trappenberg, *Römerberger Trappenberg, *Schwegenheimer Trappenberg, *Venninger Trappenberg, *Weingartener Trappenberg, *Zeiskamer Trappenberg.

Bienen und Honig

Bevor unser raffinierter weißer Zucker tütenverpackt in den Regalen der Supermärkte zu kaufen war und auch bevor manch ruchloser Kellermeister Zucker, in der Pfalz Frankedaaler Sunn geheißen, sackweise in den sauren Wein schüttete, war Honig der wichtigste Stoff zum Süßen. Entweder haben die Menschen die Waben der Wildbienen geplündert oder sie haben Bienenkörbe an Wiesen und Obstbäumen aufgestellt.

Die Bienen, die sie darin hielten, lieferten ihnen zugleich den süßen Honig und das Wachs und bestäubten im Frühling die Blüten der Obstbäume.

Der *Frankweiler Bienengarten und der *Gimmeldinger Bienengarten sind Weingärten, die nach dem Standort von Bienenkörben benannt sind.

Im Namen des *Maikammer Immengarten ist das pfälzische Wort imme oder imbe enthalten, das nichts anderes als Biene heißt und auch in dem Wort Imker wiederzufinden ist. Man könnte annehmen, dass der *Ungsteiner Honigsäckel nach dem kleinen Sack benannt ist, in dem jede Biene ihren Honig sammelt, ehe sie ihn im Stock bei der Königin abliefert.

Aber dem ist nicht so. Dieses Honigsäckel ist eine mundartliche Abwandlung eines alten Namenwortes. Wahrscheinlich handelt es sich hier um einen Eckwingert, der einer Familie Hunig gehörte, also Hunigs Eck oder möglicherweise auch Hunigs Äcker genannt wurde. In der Verkleinerungsform wurde daraus dann schnell Hunigsäckel oder Honigsäckel, was erstens viel schöner klingt,

145

und zweitens diesem Wein viel besser ansteht. Wenn man vor einer Flasche *Ungsteiner Honigsäckel,* oder einem *Sausenheimer Honigsack* oder einem *Herxheimer am Berg Honigsack* sitzt, fällt es einem gewiss leicht, den golden leuchtenden Wein im Glas mit dem goldenen Honig in Verbindung zu bringen.

Kaiser und Könige

Im Mittelalter war der Landbesitz vorwiegend unter den Rittern, Grafen und Fürsten, den Klöstern und Bischofssitzen aufgeteilt. Bauern waren Unfreie. Sie mussten auf den Feldern und in den Weinbergen Frondienste leisten, aber das Land gehörte ihnen nicht.

Auch Königsland gab es nur wenig. Es genügten wenig Güter und Wälder, um die Königs- und Kaiserpfalzen zu versorgen und Vorräte anzulegen für den Fall, dass der Kaiser mit seinem Tross zu Besuch kam oder Gerichtstage abhielt.

Nach einem alten Königsgut in der Nähe ist der *Wachenheimer Königswingert* benannt. In Albisheim, Großbockenheim und Göllheim gab es weitere Königshöfe. Zu ihnen führte durch das Zeller Tal eine Heerstraße. Sie war der Namensgeber für den *Zeller Königsweg*. Auch der *Niefernheimer Königsweg* leitet seine Bezeichnung von diesem mittelalterlichen Verkehrsweg ab.

Zur Zeit der Salier und Staufer, als auch der englische König Richard Löwenherz einige Jahre auf dem Trifels schmachten musste, lag am Fuß dieser mächtigen Reichsfeste ein reiches Königsgut im Queichtal.

Godramstein hatte 1285 die Rechte und Freiheit der Stadt Speyer erhalten und König Dagobert II. soll sich einige Zeit auf der Burg Landeck aufgehalten haben. So war ein großes Gut schon nötig, um den königlichen Hof zu versorgen; auch mit reichlich Wein.

Die Erinnerung daran lebt in dem Weinlagennamen *Godramsteiner Königsgarten* fort. Heute zieren sich mit dieser Bezeichnung die Weine: *Albersweiler Königsgarten, *Arzheimer Königsgarten, *Birkweiler Königsgarten,

*Frankweiler Königsgarten, *Gräfenhauser Königsgarten, *Landauer Königsgarten, *Ranschbacher Königsgarten, *Siebeldinger Königsgarten.

Da Kaiser im Mittelalter *nur* ein Titel war, der dem König vom Papst in Rom verliehen wurde, war der Kaiser gleichzeitig auch immer der König, und alle Güter, die dem Kaiser gehörten, gehörten eigentlich dem König. Deshalb gibt es nur echte Königsweinnamen. Die Weinberge, die Kaisernamen tragen, haben nichts mit dem mittelalterlichen Herrscher zu tun. Sie wurden allesamt nach ganz gewöhnlichen Menschen benannt, die ganz einfach Kaiser hießen oder Kayser oder Keyser.

Grafen und Ritter

Man muss kein Graf sein, um einen Zacken in der Krone zu haben und man muss kein Ritter sein, um für den Pfalzwein eine Lanze zu brechen. Doch diesen beiden hohen Herrschaften verdanken einige Weine ihren Namen, weil sich ihre Weinberge ehemals in gräflichem oder ritterlichem Besitz befanden. Der *Freckenfelder Gräfenberg gehörte den Grafen von Leiningen. Auch die heutige Großlagenbezeichnung Grafenstück entstammt Leininger Besitz. Diesen Namen tragen das *Bockenheimer Grafenstück, das *Obrigheimer Grafenstück und das *Kindenheimer Grafenstück.

Der *Essinger Rossberg war ursprünglich Weideland der Burggrafen von Essingen. Wohl nicht nach der Weide ihrer Rosse, sondern eher nach dem Namen derer von Rosenberg wurde aus dem Rosberg schließlich ein Rossberg. 1585 verkaufte Albert Christoph von Rosenberg seine Besitzungen an den Erzbischof Wolfgang von Dahlberg.

Adelige und Herren

Die Adeligen waren die Herren und die Bauern die Dummen. Diese waren frei, besaßen alles und hatten das Sagen, jene waren arm, unfrei und hatten zu tun, was die Herren ihnen befahlen.

Aus Weinbergsnamen können wir heute noch diese Besitz- und Herrschaftsverhältnisse des Mittelalters ablesen. Wechselten auch die Herren, so blieb das Land doch immer Herrschaftsland. Darauf verweisen der *Minfelder Herrenberg und der *Nußdorfer Herrenberg. Die Grafen von Leiningen waren Besitzer des *Kleinkarlbacher Herrenberg und des *Ungsteiner Herrenberg.

Auch die Weine mit dem Namen *Heuchelheimer Herrenpfad, *Klingener Herrenpfad und *Göcklinger Herrenpfad wachsen an einem Weg, der durch ehemaliges Herrenland führte. Der Eigentümer des *Steinfelder Herrenwingert war eines der beiden Adelsgeschlechter in Steinheim, entweder die Herren von Fleckenstein oder die Herren von Steinfeld. Auch der *Flemlinger Herrenbuckel kommt aus einem Weinbergshügel, der einer Herrschaft gehörte, und der *Haardter Herrenletten gedeiht auf einem fruchtbaren Lehmboden, der sich in Herrschaftsbesitz befand.

Das Grundstück des *Leistadter Herrenmorgen, das ursprünglich wohl einen Morgen groß gewesen sein könnte, gehörte zum Leistadter Herrenhof, einem Lehen, das die Grafen von Leiningen von den Saliern erhalten hatten. In derselben Flur liegt auch der *Bad Dürkheimer Herrenmorgen. Der *Schweigener Guttenberg bildet unter den Herrennamen eine Ausnahme, weil er sich auf ein spezielles Adelsgeschlecht bezieht. Er erinnert daran, dass die Gebiete an

150

der elsässischen Grenze früher nahezu alle der Herrschaft Guttenberg gehörten.

Die Burg derer von und zu Guttenberg wurde im 16. Jahrhundert ein Opfer der Bauernkriege.

Bei der Einführung des neuen Weingesetzes im Jahr 1971 bot es sich an, den Namen dieses Herrengeschlechtes in den umliegenden Weinbaugemeinden zu verwenden. Er gilt als Großlagennamen für den *Bad Bergzaberner Guttenberg, *Dierbacher Guttenberg, *Dörrenbacher Guttenberg, *Freckenfelder Guttenberg, *Kandeler Guttenberg, *Kapsweyerer Guttenberg, *Minfelder Guttenberg, *Niederotterbacher Guttenberg, *Oberotterbacher Guttenberg, *Schweighofer Guttenberg, *Steinfelder Guttenberg, *Vollmersweiler Guttenberg.

Auf die Fronarbeit, die die Bauern auf Herrenland leisten mussten, verweist der Name des Oberhauser Frohnwingert. *vron* war das alte Wort für *Herr* und zeigt damit, dass auch dieser Wingert einem Herrn gehört hat.

Die Lage *Bad Dürkheimer Fronhof* gehörte ebenfalls zu einem herrschaftlichen Hof. Es ist belegt, dass es schon 1250 auf diesem Hof einen Gerichtsplatz gegeben hat. An die Stelle dieses alten Hofes trat später der Fron- oder Limburger Schaffnereihof.

Namen und Titel

„Namen sind Schall und Rauch", sagt ein Sprichwort. Doch sind wir nicht alle stolz auf unseren Namen und wünschen uns, er möge weiterleben, über viele Generationen hinaus? Auf dass sich noch viele an ihn erinnern mögen.

Straßen, Plätze, Häuser und Grundstücke können die Erinnerung an ihre Namenspatrone wachhalten.

Viele Weinberge in der Pfalz tragen die Namen ihrer Besitzer, auch wenn diese keine Ritter und Grafen, keine Fürsten oder Könige, Bischöfe oder Äbte waren. Wenn sie rechtschaffene, geachtete und arbeitsame Menschen waren, so blieb ihr Andenken in den Namen ihrer Wingerte erhalten. Im Jahre 1870 erwarb Louis Fitz das Weingut Ziegelhütte. Es war aus einer Ziegelhütte der Grafen von Leiningen entstanden, die 1790 dem damaligen Pächter erlaubt hatten, auf der Ziegelhütte Wein auszuschenken, den er *auf zwei Morgen Wingertsfeld* erwirtschaftete. Nach dem Erwerb des Gutes gab ihm Louis Fitz den Namen seiner Frau Anna und nannte es fortan *Annaberg*. Daraus entstand die Weinlage **Kallstadter Annaberg*. Auf einen Familiennamen geht der **Kallstadter Kronenberg* zurück. Seit 1538 sind Zinszahlungen der Familie Cronenberg oder Gronenberg in der Gemarkung Kallstadt und Ungstein urkundlich belegt.

Die **Deidesheimer Mäushöhle* hat nichts mit einer dunklen Höhle voller Mäuse zu tun, sondern es handelt sich hier vielmehr um einen Hangwingert der Familie Maus. Aus dem Wort *halde* für *Hang* wurde *helde* und schließlich *Höhle*. Auch der **Forster Musenhang* gehörte zum Besitz der Familie Maus. Allerdings lässt die Erfahrung mit diesem

152

Wein schon den Schluss zu, dass der Genießer und der Kenner sich von den Musen geküsst fühlen kann.

Das *Wachenheimer Odinstal* hat nichts mit dem germanischen Gott Odin zu tun. Der Name ist eine Ableitung des altdeutschen Rufnamens *Otolf*, der zur Frankenzeit hier ansässig war. Mitten im Gelände des *Bad Dürkheimer Rittergartens* liegt das Weingut Fitz-Ritter, dessen zweiter Name seit 1971 der offizielle Name für diese Lage ist.

Schäfer ist in Insheim ein sehr häufig vorkommender Name. Als Besitztum einer dieser Familien weist sich der *Insheimer Schäfergarten* aus.

Der *Rohrbacher Schäfergarten* gehört ebenfalls einer Familie mit diesem Namen.

Vom Familiennamen Simon ist der Weinname *Roschbacher Simonsgarten* abgeleitet.

Der Wein, der am *Forster Süßkopf* wächst, ist weder zu süß, noch macht er einen dicken Kopf. Er ist, im Gegenteil, süffig und sehr bekömmlich wie alle guten Pfalzweine. Seinen Namen verdankt er schlicht und einfach der Familie Süß, auf deren Bergkopf er gedeiht.

Liest man auf dem Flaschenetikett: *Flemlinger Zechpeter,* so stellt sich bei manchem vielleicht die Vorstellung ein, dieser Weinname erinnere an einen besonders geeichten Trinker, der ob seines großen Weinkonsums diesen Spitznamen erhielt. Nun gibt es zwar in der Pfalz viele tüchtige Zecher und unter ihnen auch einige, die Peter heißen, aber der Flemlinger Wein verdankt keinem von ihnen seinen Namen, sondern lediglich der Familie Zech, in deren Besitz sich der Wingert befand. Es sei hier noch ein Name angefügt, der jenen gerne nachsagt wird, die allzu gerade und unnachsichtig ihren Weg gehen wollen, und wenn es durch die Wand ist: Ich meine den Namen *Ellerstadter Dickkopp*. Ob Hennichin Koppe, sein Grundbesitzer, ein solcher war, ist nicht nachgewiesen, aber ihm hat er seinen Charakternamen zu verdanken.

Vom häufigen altdeutschen Personennamen Bruni sind die 106 Weinnamen *Ottersheimer Bräunersberg* und *Rüssinger Bremsberg*, herzuleiten aus *Brunis Berg*, entstanden. Der altfränkische Name *Bubo* war die Grundlage für das *Ellerstadter Bubeneck*. Aus den *Buboäckern* wurde *Buboeck* und schließlich das heutige *Bubeneck*. Auch der *Neustadter Erkenbrecht* bewahrt den alten Familiennamen Ekkenbrecht. Eine Elisabeth Eckbrecht wird 1482 als in Neustadt ansässig erwähnt. Der *Herxheimer Engelsberg* geht zurück auf die Familie Engel, das *Forster Freudenstück* war Besitz der Familie Freund und der *Bockenheimer Haßmannsberg* gehörte zu den Weinbergen der Familie Haßmann. Eine abgeschwächte Form des altfränkischen Namens *Elrestat* ist die Bezeichnung *Forster Elster*. Der Weinname hat nichts mit den diebischen Vögeln in der Gemarkung zu tun.

Dass in einem so ansehnlichen Dorf wie Haardt, wo sich die Weingüter fast wie Paläste aneinanderreihen, einst ein Herzog residiert haben könnte, ist nicht von der Hand zu weisen. Somit wäre dann auch der Name des Weines *Haardter Herzog* zu erklären. Doch der Wahrheit halber muss gesagt werden, dass Herzog *nur* ein sehr häufiger Familienname in diesem Ort ist und der Wein so von einem gutbürgerlichen Besitzer seinen Namen erhielt.

Es sei niemandem verwehrt, wenn er den Weinnamen *Hambacher Kaiserstuhl* liest, sich Kaiser Friedrich Barbarossa mit dem roten Bart dort oben auf seinem Thron sitzend vorzustellen. Doch auch hier wurde ein in Terrassenform stuhlähnlich angelegter Wingert lediglich nach seinem Besitzer namens Kaiser benannt.

Obwohl die Pfalz durch Salier und Staufer uraltes Kaiserland gewesen ist, leitet sich der Name *Göcklinger Kaiserberg* und *Nußdorfer Kaiserberg nur* vom alten Namen *Gisemar* ab.

Burgen und Schlösser

Es gab und gibt viele Burgen in der Pfalz. Doch nur wenige sind noch erhalten. Sie zu erwandern und zu besuchen lohnt immer. Doch die meisten der ehemals stolzen Gemäuer liegen heute nur noch als Ruinen im Wald versteckt. Jeder Ritter, der etwas auf sich hielt, trieb seine Bauern an, ihm eine möglichst feste und sichere Burg auf einem möglichst hohen und unzugänglichen Felsen zu erbauen. Von dort aus konnte er das umliegende Land beobachten und vorüberziehende Kaufleute überfallen und ausrauben.

Zur Burg gehörte als Lehen auch das Land ringsherum, sofern der Burgherr den Besitz von Acker, Flur und Weinberg nicht mit einem Kloster teilen musste. Von daher ist es nicht verwunderlich, dass heute noch viele Weinlagen durch ihren Namen deutlich machen, dass sie im Besitz eines Burg- oder Schlossherren waren.

Der *Bockenheimer Burggarten* wächst in einem Weinberg in der Nähe der Emichsburg, die den Grafen von Leiningen gehörte. Der Name der *Ruppertsberger Hoheburg* bezieht sich auf die im 12. Jahrhundert gegründete Hoheburg der Ritter von Ruprechtsburg. Sie wurde bereits im 14. Jahrhundert zerstört. Güter des Ritters Hermann von Rietburg wurden im Jahre 1235 an das Kloster Eußerthal verkauft, behielten aber weiterhin den Namen ihres alten Besitzers. Deshalb heißt der Wein auf dieser Flur heute noch *Ilbesheimer Rittersberg*.

Nennt sich ein Wein Altenberg oder Altenburg, so bezieht sich sein Name immer auf eine alte befestigte Anlage, sei es eine Burg oder nur ein festes Haus gewesen. So ist es beim *Bad Bergzaberner Altenberg* oder dem

Weisenheimer am Sand Altenberg. Nicht auf die heutige Wachtenburg, sondern auf eine vermutlich aus dem 10. Jahrhundert stammende Holzburg auf dem Maßweisskopf, dem Nachbarberg zur Wachtenburg, weist der Name *Wachenheimer Altenburg* hin. Eine frühere Burg war auch die Namensgeberin für den *Heiligensteiner Alter Berg* und den *Mechtersheimer Alter Berg*.

Nach dem Mittelalter wurden die Burgen prächtiger und waren üppiger ausgestattet. Jetzt nannte man sie Schlösser. Selbstverständlich waren die Schlossherren Besitzer ausgedehnter Weinbergslagen, und ihre Schlösser gaben den Fluren die Namen, unter denen heute noch viele Weine verkauft werden. Der *Battenberger Schlossberg* und der *Bockenheimer Schlossberg* sind nach der Burg Battenberg

benannt, die aus dem 12. Jahrhundert stammt. Dorf und Burg Battenberg, ursprünglich ein Reichseigentum, kamen schon sehr früh als eine Schenkung des deutschen Kaisers in den Besitz des Klosters Murbach. Die Emichsburg, 1502 zerstört, wieder aufgebaut und dann 1793 durch die napoleonische Revolutionsarmee erneut zerstört, ist die Namensgeberin für den *Kleinbockenheimer Schlossberg*.

Die Anlage der Burg ist unverändert erhalten. Der *Hambacher Schlossberg* ist ein Wein, der am Fuß jenes Bergkegels wächst, auf dem das berühmte Hambacher Schloss steht, im Volksmund auch Maxburg oder Kästenburg genannt. Es stammt aus dem elften Jahrhundert, wurde im 16. und 17. Jahrhundert dreimal verwüstet und für den Bayerischen König Max wieder aufgebaut. Im Mai 1832 trafen sich aufrührerische Studenten aus ganz Deutschland auf dem Schlossberg, um die deutsche Demokratie auszurufen. Ihre Versammlung ist als das *Hambacher Fest* in die Geschichte eingegangen. Die Burg Neuleiningen aus dem 13. Jahrhundert ist Namensmotiv für den *Neuleininger Schlossberg*. 1690 im pfälzischen Erbfolgekrieg zerstört, ist die Burg heute noch als imposante Ruine erhalten.

Eine ehemalige Wasserburg am Westrand des Dorfes gab den Namen für den *Pleisweiler Schlossberg* und den *Oberhofener Schlossberg*. Die Burg war vom Dienstmann des Stiftes Klingenmünster im 15. Jahrhundert erbaut worden. Sie wurde, wie viele Herrschaftssitze in der Pfalz, im Bauernkrieg 1528 und noch einmal 1790 durch die französischen Revolutionstruppen zerstört. Teile dieser Burg sind heute noch erhalten. Der *Rhodter Schlossberg* wächst unterhalb der im 13. Jahrhundert erbauten Rietburg, die im 17. Jahrhundert zerstört wurde. Ihre Besitzer waren die Herren von Ochsenstein und die Grafen von Leiningen.

Nach der *Wachtenburg*, auch *Geiersburg* genannt, hat der *Wachenheimer Schlossberg* seinen Namen. Diese Höhenburg aus dem 12. Jahrhundert erlebte viele Höhen und Tiefen. Sie wurde, obwohl jedes Mal wieder aufgebaut, immer wieder zerstört, zum letzten Mal 1689, dann aber endgültig.

Aus dem 12. Jahrhundert stammt die Niederburg in Weingarten. 1525 und 1689 zerstört, ist sie heute verändert erhalten. Sie gab dem *Weingartner Schlossberg* seinen Namen. Eigentümer dieser Burg waren die Herren von

Freinsheim, von Meckenheim, von Geinspitzheim und die Jungen von Kleversheim. Der *Bolander Schlossberg* und der *Kirchheimbolandener Schlossgarten* verdanken ihren Namen der Nähe zum groß angelegten Schlossgarten des Schlosses von Fürst Karl August (1685-1753), das dieser vom Architekten des Mannheimer Schlosses, Guillaume d'Hauberat, hatte erbauen lassen. Der *Niederkircher Schlossgarten* dagegen fällt heraus aus der Reihe der Weine, die ihren Namen einem Schloss zu verdanken haben. Diesem Weinnamen liegt das mittelalterliche Wort *Scholz* für *Schössling* zugrunde. Das bedeutet, dass es sich bei diesem Weinberg um eine Rebenneuanlage gehandelt hat, die zu dem Namen geführt hat.

Beim *Kleinniedesheimer Schlossgarten* handelt es sich wieder um einen echten Schlossgarten, nämlich den des Freiherrn von Gagern aus dem 18. Jahrhundert. Auch der *Friedelsheimer Schlossgarten* verdankt seine Bezeichnung einem kurfürstlichen Schloss, das 1525 von den Bauern zerstört, 1578 wieder aufgebaut wurde. Johann Casimir benutzte es gerne als Lustschloss. Sein Tiergarten war in der damaligen Zeit wegen seiner seltenen Tiere sehr berühmt. Heute noch zum Teil erhalten ist das Schloss in Burrweiler. Besitzer waren in früheren Zeiten die Herren von Dahn und die Herren von Schönburg. Die Flur des Schlossgeländes gab dem *Burrweiler Schlossgarten* seinen Namen.

Seit 1280 ist in Kirrweiler eine Wasserburg, die dem Bischof von Speyer gehörte, nachweisbar.

Von dieser Burg ist das sogenannte Schlösschen, die Schaffnerei, von 1768 erhalten.

Südlich der Hammelmühle lag das dazugehörige Oberschlossgut, das dem *Kirrweiler Oberschloss* den Namen gegeben hat. Auch die Weinnamen *Sausenheimer Schloss* und *Asselheimer Schloss* lassen darauf schließen, dass hier ein Schloss gestanden hat.

An eine Schlossanlage in Heidesheim, die Ende des 18. Jahrhunderts vollständig zerstört wurde, erinnern noch der Park und die Schlosskirche in Mühlheim. Besitzer waren die Grafen von Leiningen-Falkenburg. Nach ihrem Besitz wurde das *Colgensteiner Schloss* benannt.

Nach einem bischöflichen Wasserschloss, das auch 1528 und 1794 weitgehend zerstört wurde, erhielt das *Edesheimer Schloss* seinen Namen.

Namensmotiv für das *Gimmeldinger Schlössel* ist das kleine Schlösschen Hildebrandseck, zwischen Gimmeldingen und Königsbach gelegen. Es stammt aus der ersten Hälfte des 16. Jahrhunderts und wurde nach Marx Hiltbrandt so benannt.

Bleibt noch das im spätklassizistischen Stil erbaute Schloss auf dem Höhenrücken über der Stadt Edenkoben. Der Bayerische König Ludwig I. hatte es sich von seinem Baumeister Friedrich Gärtner zwischen 1846 und 1850 als Sommerresidenz erbauen lassen. Die *Edenkobener Schloss* Ludwigshöhe trägt diesen Großlagennamen ebenso wie die *St. Martiner Schloss Ludwigshöhe*.

Gefechte und Scharmützel

Viele, leider viel zu viele Kriege sind nicht spurlos an der Pfalz vorübergezogen. Statt sich an dem schönen Land zu erfreuen, seine Vorzüge zu schätzen, sich auszuruhen und den guten Wein zu genießen, mussten, quer durch alle Jahrhunderte hindurch, wild gewordene Männerhorden mitsamt ihren Anführern und Generälen beweisen, wie stark sie sind und wie gut sie alles kaputtmachen können.

Angefangen von den Römern bis hin zu den Franzosen war es keinem möglich, den lieben Gott einen guten Mann und die Pfälzer brave Männer und Frauen sein zu lassen. Nein, sie mussten brennend und mordend durch das Land ziehen. Und sie ließen keine gute Erinnerung zurück.

Aber, Gott sei Dank, erzählen heute nur noch Weine und ihre Namen von den kriegerischen Ereignissen aus früheren Zeiten. So der *Ruppertsberger Reiterpfad*, dessen Name von dem lateinischen Wort *rutarius* abstammt. Ein Rutarius war Angehöriger einer *Rotte*, die aus vier Legionären bestand. Sie zogen auf bestimmten Wegen durch das Gebiet, das sie zu bewachen hatten. Nach einem solchen Rottenpfad ist auch der *Königsbacher Reiterpfad* in mundartlicher Abwandlung entstanden. Zwischen 1792 und 1794 fanden bei Edenkoben Gefechte zwischen französischen Truppen und preußischen Bataillonen statt. Einer der Teilnehmer war Generalleutnant Gebhard Leberecht Fürst Blücher von Wahlstatt. Damals unterlagen die Preußen, wofür sich der inzwischen Generalfeldmarschall gewordene Blücher in der Schlacht bei Waterloo fürchterlich an Napoleon und den Franzosen rächte.

Das Schlachtfeld am Schänzel, das heute friedlicher und sinnvoller genutzt wird als in den damaligen Kriegszeiten, trägt zur Erinnerung an den Fürst von Wahlstatt den Namen Blücherhöhe und ist der Namenspatron für die Weinlage *Edenkobener Blücherhöhe.

Bleibt noch der Weinname *Hambacher Feuer. Dafür gibt es mehrere Deutungen: Er könnte von Kriegsexplosionen und Mündungsfeuern herstammen, weil Soldaten dort *unter Feuer* lagen, zumal die Nachbarfluren *An der Linie* und *Am Schänzel* heißen. Denkbar ist allerdings auch, dass ein Blitzschlag oder Rodungsfeuer zu dem Namen geführt hat. Aber ganz gewiss wurden in dieser Flur zur Sommersonnenwende die Johannisfeuer abgebrannt.

Bischöfe und Äbte

Sie wollten nicht hintanstehen, die geistlichen Herrn, wenn es um den Besitz von Weinbergen ging. Sie brauchten schließlich einen guten Messwein, zur Ehre des Herrn. Auch auf ihrer Herrentafel sollte der Wein funkeln und reichlich fließen. Denn Bischöfe und Äbte verstanden sich im Mittelalter weit eher als fürstliche Herrscher in ihren Bistümern und Klöstern denn als Hirten der ihnen anvertrauten Schäfchen. Und so zeugt heute noch mancher Weinberg mit seinem Namen davon, dass er einst Bischofs oder Abts Gnaden unterstand. Der *Mußbacher Bischofsweg* ist ein Wingert, der dem Fürstbischof von Speyer gehörte. Der Weg führt weiter zu der Lage *Mußbacher Kurfürst*. Auch dieser weltliche Herrscher besaß viele Weinberge in der gesamten Pfalz, viele Dörfer waren ihm zum Zehnt verpflichtet, darunter auch Mußbach. Beide, Bischöfe und Kurfürsten, waren immer bestrebt, in allen Dörfern Weinberge zu haben, damit nur ja kein guter Wein an der eigenen Tafel fehlte, den ein anderer bei sich auftischen ließ.

In der Gegend um Forst besaß gerade der Speyerer Fürstbischof besonders viel Land. Nach diesem Grundherren nennen sich heute noch der *Forster Bischofsgarten, *Friedelsheimer Bischofsgarten, *Wachenheimer Bischofsgarten*.

Ein Feldkreuz in der Gemarkung, die im Besitz des bischöflichen Hochstiftes Speyer war, gab der Weinlage *Walsheimer Bischofskreuz* den Namen. Der Großlagenname bezieht auch andere Weine der umliegenden Gemeinden mit ein: *Böchinger Bischofskreuz, *Burrweiler Bischofskreuz, *Dammheimer Bischofskreuz, *Flemlinger Bischofskreuz,*

*Gleisweiler Bischofskreuz, *Knöringer Bischofskreuz, *Nuß-dorfer Bischofskreuz, *Roschbacher Bischofskreuz.

Einer der bekanntesten Weine der Pfalz ist das *Deidesheimer Hofstück*. Sein Namensmotiv ist ein Gutshof des Otterber-ger Klosters, der 1310 zum ersten Mal urkundlich erwähnt wird. Der Hof lag Ecke Heumarktstraße und Stadtmauer-gasse. Später war er im Besitz des Fürstbischofs von Speyer. Weil diese Lage und ihr Name sehr bekannt sind, wurden auch sie als Großlagenbezeichnung gewählt für: *Ellerstadter Hofstück, *Friedelsheimer Hofstück, *Gönnheimer Hofstück, *Hochdorfer Hofstück, *Meckenheimer Hofstück, *Nieder-kircher Hofstück, *Rödersheimer Hofstück, *Ruppertsberger Hofstück.

Nach Äbten wurden Weinlagen selten benannt. Meist trugen Weinlagen die Namen der Klöster, zu denen sie gehörten. Nur der *Bad Dürkheimer Abtsfronhof* erinnert an den ehe-maligen Fronhof des Klosters Limburg. Dieses Grundstück kam 1908 in den Besitz des Weingutes Fitz-Ritter, dem es heute noch gehört. Weil die Nutzungsrechte am Wingert *Impflinger Abtsberg* dem Abt des Klosters Selz im Elsass zustanden, trägt dieser Wein seinen Abtsnamen.

Glockenzehnt und Frühmess

Als die Zeit noch langsam ging, noch dem Tempo der Menschen angepasst war, und nicht von tausenden von tickenden Uhren in Sekunden und Sekundenbruchteile zerhackt wurde, gab es zwei wichtige Zeiten am Tag, die den Menschen auf dem Feld und im Dorf angezeigt wurden: der Mittag und der Feierabend. Das Zwölfuhrläuten und das Abendläuten schallten pünktlich und regelmäßig vom Kirchturm über Ort und Flur. Doch die Glocken läuteten nicht von selbst, automatisch, nur von Zahnrädern und Digitalen angetrieben. Ein Glöckner musste sich in die Seile hängen, kräftig ziehen, sich mit dem rücklau-

fenden Seil ein Stück in die Höhe schwingen und dann wieder mit Schwung und seinem ganzen Körpergewicht das Seil erneut nach unten holen. Auch das Läuten zur Heiligen Messe, zum Gebet, zur Taufe, zum Begräbnis, das Läuten der Hochzeitsglocken und das Totenglöckleinläuten gehörten zu seinen Obliegenheiten. Der Glöckner kam meist aus dem Dorf, ja, es konnte sogar der Pfarrer selber oder der Lehrer sein, der diese Aufgabe übernommen hatte.

Als Entgelt für seine Mühe standen dem Glöckner ein Zehntel des Ertrags aus einem bestimmten Weinberg zu. Außerdem musste davon der Unterhalt der Glockenseile bestritten werden. Von einem solchen Wingert hat der *Mußbacher Glockenzehnt* seinen Namen.

Nicht nur der Zehnte, sondern der gesamte Ertrag eines Wingerts stand dem sogenannten *Frühmesser* zu, einem Geistlichen, der sich verpflichtet hatte, täglich in der Früh eine Messe für das Seelenheil eines Verstorbenen zu lesen. Zu diesem Zweck war ein Weinberg gestiftet worden und der Wein daraus stand allein dem Frühmesser zu. Auf diesen Brauch verweist der Name des *Gleiszeller Frühmess* und des *Gleishorbacher Frühmess*.

Heilige und Narren

Kinder und Narren sagen die Wahrheit. Heilige auch. Aber die wollen wir meistens nicht hören. Jeder sagt die Wahrheit auf seine Weise. Und in seiner eigenen Art bringt uns auch der Wein die Wahrheit näher. Was könnte es also Wahrhaftigeres geben als einen Wein, der in einem nach Narren oder Heiligen benannten Weinberg wächst?

Der *Hergersweiler Narrenberg* ist ein solcher Wein, dem die Weisheit der Narren mitgegeben ist, und nur ein Narr würde dem *Windener Narrenberg* wahre Qualität absprechen. Im *Berghauser Narrenberg* dagegen lebt der Name des untergegangenen Dorfes Marrenheim fort. Auch der *Heiligensteiner Narrenberg* erinnert an diese verschwundene Siedlung.

Die *heiligen* Weinberge leiten ihren Namen überwiegend von Pfarrkirchen und Kapellen ab, die einen Heiligen als Namenspatron hatten. Der heilige Martin ist der Schutzpatron von Gönnheim und gab der Weinlage *Gönnheimer Martinshöhe* ihren Namen. Die bereits im Jahre 1458 erwähnte Kapelle St. Maria Magdalena ist die Namensgeberin des *Klingenmünsterer Maria Magdalena*. Die Kapelle gehörte der Kaplanei des Klosters Klingenmünster. Auf dem Michelsberg zwischen Bad Dürkheim und Ungstein stand bis ins Jahr 1601 die St. Michaelskapelle. Sie lieh ihren Namen dem *Bad Dürkheimer Michelsberg* ebenso wie dem *Ungsteiner Michelsberg*. Seit 1417 pilgerten die Gläubigen regelmäßig zu ihrem Schutzheiligen. Aus dem jährlich dabei abgehaltenen Sankt-Michaelis-Markt entstand der Bad Dürkheimer Wurstmarkt, der seit 1832 diesen Namen trägt.

Der *Weyherer Michelsberg* heißt nach der in den Jahren 1951/52 errichteten Kriegsgedächtniskapelle St. Michael.

Die vor dem Jahre 1247 vom Kloster Rosenthal erbaute Pfarrkirche St. Stephan lag nördlich des Dorfes Asselheim. Sie wurde 1819, weil sie baufällig geworden war, auf Abriss verkauft. Nach diesem Standort sind die Weine *Asselheimer St. Stephan* und *Sausenheimer St. Stephan* benannt.

Nach einem nicht näher benannten Schutzheiligen ist auch die *Bockenheimer Heiligenkirche* benannt. Dem *Burrweiler St. Annaberg* gab die im Jahre 1896 neu errichtete und der heiligen Anna geweihte Kapelle den Namen. In den Monaten Juli und August finden hier Bittgänge statt. Nach einem Kreuz, unweit der Pfarrkirche St. Martin, ist der *Mertesheimer St. Martinskreuz* benannt worden.

Nonnen und Mönche

Das Beten und das Singen waren die vornehmsten Aufgaben der Nonnen und der Mönche. Tag und Nacht lobten sie Gott und priesen seine Güte und Herrlichkeit. Ansonsten hatten sie zu arbeiten und mit kargem Essen und klarem Wasser zufrieden zu sein. Nur selten wurde ihnen ein Becher Wein vorgesetzt. Denn die *Brüder und Schwestern im Herrn* waren zur Enthaltsamkeit, Bedürfnislosigkeit und Besitzlosigkeit verpflichtet. Über das Vermögen eines Klosters, also auch über seine Weinberge und deren Ertrag, verfügte allein der Abt oder die Äbtissin. Ihnen brachte der Wein, der auch im Mittelalter eine begehrte Handelsware war, viel Reichtum ein. Die meisten Weinberge im Klosterbesitz tragen Namen, die ihre Zugehörigkeit sehr direkt ausdrücken. Sie heißen entweder *Klosterstück* oder *Klostergarten*.

Waren jedoch die Nonnen oder Mönche bei den Bewohnern der umliegenden Dörfer beliebt, weil sie den Leuten nahe waren, so gab der Volksmund den Wingerten des Klosters liebevoll klingende Namen wie *Deidesheimer Nonnenstück*, dessen Wingert im Besitz des Speyerer Magdalenenklosters war. Der *Bad Dürkheimer Nonnengarten* gehörte dem Kloster Schönfeld und das Liebfrauenstift in der Unterstadt zu Worms war Eigentümerin des *Kleinkarlbacher Frauenländchen*. Einem Wirtschaftshof des Klosters Eußerthal war der *Neustadter Mönchgarten* angegliedert und der *Siebeldinger Mönchpfad* erinnert daran, dass dasselbe Kloster in dieser Gegend begütert war.

Als Napoleon sich im Jahre 1811 auf den Weg machte, ganz Europa zu unterwerfen, zog er auch durch die Pfalz. Um seine Kriege zu finanzieren, konfiszierte, säkularisierte und verhökerte er allen kirchlichen Besitz und verschacherte ihn an vermögende Höflinge, Adlige und Bürger. Damals kamen auch alle klösterlichen Weingärten in weltliche Hände. Ihre alten, so schönen Namen haben sie aber, dem kleinen Kaiser aus Korsika zum Trotz und allen Weinfreunden zum Wohl, bis heute behalten und ihren Weinen vererbt.

Johanniter und Jesuiten

Unter den zahlreichen Orden, die in der Pfalz Klöster gegründet hatten und dazugehörige Weingüter unterhielten, ragen zwei Bruderschaften besonders hervor: die Johanniter und die Jesuiten. Der Orden vom Hospital des heiligen Johannes zu Jerusalem gründete 1185 das Johanniterhaus Heimbach bei Zeiskam, das vom 13. bis 18. Jahrhundert in Mußbach begütert war. Als Napoleon auch in der Pfalz allen kirchlichen Besitz beschlagnahmte und säkularisierte, kam das Weingut der Johanniter in Mußbach in weltlichen Besitz. Heute ist der *Herrenhof* Staatsweingut und beherbergt in seinen ehemaligen Kelterhäusern und Stallungen ein sehenswertes Museum für Weinkultur und ein gerne besuchtes Kulturzentrum. Direkt am alten Herrenhaus, von einer mächtigen Sandsteinmauer gehütet, gedeiht heute wie seit vielen hundert Jahren immer noch der *Mußbacher Johannitergarten*. Im Besitz des Deutschritterordens war eine Flur in Böbingen, genannt *Ordensberg*. Durch mundartliche Veränderung wurde der Name des dort angebauten Weines in *Böbinger Ortelberg* abgeschliffen.

Auch die Jesuiten waren ein weinbegüterter Orden in der Pfalz. In einem Gartengelände des ehemaligen Jesuitenklosters, heute Obertor Nr. 4, wächst der *Dirmsteiner Jesuitenhofgarten*. Das Jesuitenkloster Neustadt war nicht nur dort, sondern auch in Königsbach und Forst begütert. In seinen Weingärten wuchsen der *Königsbacher Jesuitengarten* und der *Forster Jesuitengarten*.

Sind diese Weinberge auch längst nicht mehr in klösterlichem Besitz, so haben sie ihren Namen doch bis heute behalten und der Segen Gottes ruht immer noch auf ihnen. Um das festzustellen, braucht man nur ihren Wein zu probieren. Ein großes Edesheimer Weingut, dem Jesuitenkolleg in Speyer gehörend, wurde trotzdem noch nach seinem ehemaligen Besitzer, dem Deutschritterorden, *Teutschgütlein* benannt. Von dieser Zugehörigkeit stammt der Lagenname *Edesheimer Ordensgut*. Er ist heute die Großlagenbezeichnung auch für das *Weyherer Ordensgut*, das *Rhodter Ordensgut* und das *Hainfelder Ordensgut*.

Stifte und Klöster

Mit zunehmender Ausbreitung des Christentums im vierten Jahrhundert wurden auch in der Pfalz immer mehr Klöster gegründet. Sie gehörten im Mittelalter zweifellos zu den am meisten begüterten Weinbergbesitzern. Ihr Grundbesitz vermehrte sich durch Schenkung beträchtlich. Gläubige und Ängstliche versuchten durch Stiftung von Besitz und Ländereien an die Kirchen und Klöster ihr Seelenheil für die Ewigkeit abzusichern. Die Mönche legten Weinberge an, um ihren Bedarf an Messwein decken zu können. Aber sie merkten auch sehr schnell, dass der Wein eine gute Handelsware war und auf den Burgen, Schlössern und Fürstenhöfen Absatz fand. Und schließlich tranken die Mönche auch nicht nur Wasser.

Denn Klöster waren nicht nur Orte der Erbauung, sie waren im Mittelalter auch Zentren der Macht, und ein Abtsstuhl war mit großem politischen Einfluss im *Heiligen Römischen Reich Deutscher Nation* verbunden. Weltliches Leben mit all seinen Genüssen hatte hinter Klostermauern durchaus seinen Platz. Wein, guter Wein, durfte auf keiner Abtstafel fehlen. Durch Schenkung wuchs der Land- und Weinbergbesitz der Klöster beträchtlich an. Es ist daher nicht verwunderlich, dass viele Weine heute noch von der Zugehörigkeit ihrer Weinberge zu Klöstern und Stiften erzählen.

Als Grundstück aus dem Besitz des Klosters Zell, das 1540 zum ersten Mal urkundlich erwähnt wird, erweist sich das *Zeller Klosterstück*, ebenso wie das *Einselthumer Klosterstück* in der Nachbargemeinde des Zellertals.

Der *Gerolsheimer Klosterweg* ist benannt nach einem Weg durch Weinberge, die dem Kloster Weißenburg gehörten, so wie der *Rhodter Klosterpfad* nach dem Weg vom Dorf zum Kloster Heilsbruck seinen Namen hat. An eine Schaffnerei, ein Hofgut des Klosters Wadgassen, erinnert die *Bockenheimer Klosterschaffnerei*. Der *Zeiskamer Klostergarten* und der *Lustadter Klostergarten* gehörten dem Johanniterkloster Heimbach. Die Abtei Glandern sowie das Kloster Ramsen waren in Sausenheim begütert und gaben dem *Sausenheimer Klostergarten* den Namen. In Niederkirchen gab es nie ein Kloster. Die Klöster Seebach, Limburg, St. Lambrecht, Eußerthal und Otterberg hatten in dieser guten Weingegend aber viel Feld und so weist der *Niederkircher Klostergarten* seine Zugehörigkeit zu diesen Klöstern aus.

Der Weinberg des *Gönnheimer Klostergarten* gehörte dem Kloster Seebach bei Bad Dürkheim. Auch der *Godramsteiner Klostergarten* weist auf klösterlichen Besitz hin, und der *Edenkobener Klostergarten* war ein Teil der Weinberge des Nonnenklosters Heilsbruck.

Nach Besitz des Klosters Liebfrauenberg bei Bad Bergzabern ist die Großlage *Kloster Liebfrauenberg* benannt. Viele umliegende Weinbaugemeinden haben diesen Namen für ihre Weinlagen übernommen: *Barbelrother Kloster*

*Liebfrauenberg, *Billigheimer Kloster Liebfrauenberg, *Gleishorbacher und Gleiszellener Kloster Liebfrauenberg, *Göcklinger Kloster Liebfrauenberg, *Hergersweiler Kloster Liebfrauenberg, *Heuchelheimer Kloster Liebfrauenberg, *Ingenheimer Kloster Liebfrauenberg, *Kapellener Kloster Liebfrauenberg, *Klingener Kloster Liebfrauenberg, *Klingenmünsterer Kloster Liebfrauenberg, *Niederhorbacher Kloster Liebfrauenberg, *Oberhauser Kloster Liebfrauenberg, Pleisweiler und Oberhofener Kloster Liebfrauenberg, *Rohrbacher Kloster Liebfrauenberg, *Steinweiler Kloster Liebfrauenberg, *Windener Kloster Liebfrauenberg.*

Die Lage *Bad Dürkheimer Hochmess* lässt sich erklären aus dem lateinischen Wort *messis*, das man mit *Ernte* übersetzen kann. Damit war der Ertrag eines Weinberges gemeint, der wegen seiner besonders guten Qualität hohen Herrschaften vorbehalten war, und daher den Namen Hochmess erhielt, ebenso wie die *Ungsteiner Hochmess*. Übersetzt man das Wort *messis* als *Messe* und meint damit die Heilige Messe, so scheint es möglich, dass der Wein aus diesem Wingert ausschließlich als Messwein für das Hochamt, wahrscheinlich im Kloster Limburg, verwendet wurde.

Bei der Weinlage *Forster Stift* handelt es sich um alten Grundbesitz des St. Guidostiftes in Speyer.

Kirchen, Kapellen und Pfaffen

Die hohen geistlichen und weltlichen Herren waren vom Mittelalter bis weit in die Neuzeit hinein die großen Grundbesitzer. Sie hatten die meisten und die fruchtbarsten Weinberge unter sich aufgeteilt. Die kleinen Ortsgeistlichen und Kirchengemeinden mussten schon selber sehen, dass sie nicht zu kurz kamen. Denn erstens wussten sie einen guten Tropfen zu schätzen wie ihre Obersten, wenn sie auch sicherlich nicht so oft und reichlich Gelegenheit dazu hatten. Und zweitens durfte auch den Pfarrern der Messwein nicht ausgehen. Also gehörte jeder Kirchengemeinde oder dem Pfarrer mindestens ein Weinberg am Ort, dessen Ertrag für den eigenen Bedarf bestimmt war. In der Regel hieß dieser Wingert *Kirchenstück* oder *Kirchberg*. Und weil jede Gemeinde eine Kirche und einen Pfarrer hatte, gab es viele und gibt es heute immer noch viele Weinberge und Weine, die so heißen:

Das *Leistadter Kirchenstück* liegt bei der St.-Leodegar-Kirche. Das ursprüngliche Kirchenstück von der Größe etwa eines Morgens gehörte seit der Reformation der protestantischen Kirche in Leistadt und ist heute Friedhof.

Das *Herxheimer am Berg Kirchenstück* wurde nach der St.-Jakobus-Kirche benannt.

Das *Forster Kirchenstück* hieß noch bis ins 19. Jahrhundert *Kirchenbuckel* und gehörte zum Fürstbistum Speyer. Der *Edenkobener Kirchberg* ist nach der verschwundenen Nazarienkirche benannt.

Andere kircheneigene Weinlagen waren: *Ellerstadter Kirchenstück*, *Hainfelder Kirchenstück*, *Kallstadter Kirchenstück*, *Maikammer Kirchenstück*, *Nußdorfer Kirchenstück*,

*Albersweiler Kirchberg, *Barbelrother Kirchberg, *Gleishor-bacher Kirchberg, *Gleiszellener Kirchberg, *Großfischlinger Kirchberg, *Hambacher Kirchberg, *Kleinfischlinger Kirch-berg, *St. Martiner Kirchberg, *Dierbacher Kirchhöh.

Eine in der Feldgemarkung tiefer gelegene Flur wird oft Grund genannt. Gehört sie, wie in Diedesfeld, dem Pfar-ramt St. Remigius, dem dort heute noch größten Grund-besitzer, so ist es nur natürlich, wenn sie den Namen Pfaffengrund erhält, der als GroßLagenname gültig ist für: *Diedesfelder Pfaffengrund, *Duttweiler Pfaffengrund,

176

*Geinsheimer Pfaffengrund, *Hambacher Pfaffengrund, *Lachener Pfaffengrund, *Neustadter Pfaffengrund.*

Dem jeweiligen Ortspfarrer gehörten der *Mörzheimer Pfaffenberg* und der *Ingenheimer Pfaffenberg.*

Eine Kapelle in der Flur einer Gemeinde war oft der Grund, die umliegenden Weinberge nach ihr zu benennen: so die *Hainfelder Kapelle* nach der St.-Josephs-Kapelle, das *Diedesfelder Johanniskirchel* nach der verschwundenen Kapelle mit dem Johannespatrozinium, die dem Johanniterorden in Mußbach gehörte.

In Königsbach erbauten 1879 die Eheleute Herzel zusammen mit der Einrichtung eines Kreuzweges zur Klausenkapelle die Ölbergkapelle *Christus am Ölberg.* Von ihr hat der *Königsbacher Ölberg* seinen Namen bekommen.

Die um 1400 errichtete St.-Nikolaus-Kapelle des Klosters Lambrecht ist das Namensmotiv für den *Gimmeldinger Kapellenberg.*

Im Maikammerer Ortsteil wächst am Fuße einer Kapelle der *Alsterweiler Kapellenberg*, und in Laumersheim steht an der Stelle des untergegangenen Dorfes Berghaselbach heute die Kapelle zum Heiligen Kreuz, auch Palmbergkapelle genannt. Der hier wachsende Wein heißt *Laumersheimer Kapellenberg.* Mitte des 19. Jahrhunderts errichtete die Familie Winkels-Herding in ihrem Park eine Kapelle, die bei Fronleichnamsprozessionen gerne benutzt wurde. Seit 1921, als das Gut mit dem Flaschenweinverkauf begann, verwendet es den Namen *Dackenheimer Kapellgarten* für seine Weine.

Bildstöcke und Wegkreuze

Die Menschen haben schon immer gerne in ihren Fluren und an den Wegen, die durch ihre Felder führen, Zeichen ihrer Frömmigkeit aufgestellt. Der Heiland und die Mutter Gottes sollten den Bauern nicht nur in der Kirche nahe sein, sondern auch dort, wo sie arbeiteten. Sie sollten ihnen Segen bringen und auch die bösen Geister bannen. So blieb es nicht aus, dass viele Weinberge und damit viele Weine nach den bei ihnen aufgestellten Bildstöcken oder Votivkreuzen benannt wurden. Für den *Zeller Schwarzer Herrgott* ist ein dunkles Kreuz aus verwitterter Bronze das Namensmotiv. Die Lage *Zeller Herrgottsblick* hat indirekt von diesem Kreuz ihren Namen. Von hier aus bietet sich nämlich dem Auge ein weiter Blick auf die Flur *Schwarzer Herrgott*. Auch vom *Harxheimer Herrgottsblick* aus kann man weit über die Zeller Herrgottsflur schauen. Der Weinname *Königsbacher Idig* ist ebenfalls ein Hinweis auf ein Kruzifix in den Weinbergen. Die verkürzte Form *Idig* ist aus der Inschrift *Jesus Domini* entstanden. Auch der Name des *Friedelsheimer Kreuz* lässt sich von einem Wegkreuz ableiten.

Die Feldkreuze, die entweder aus Holz oder aus Stein gemacht, erst in späterer Zeit aus Eisen, konnten auch zur Abwehr von Unwetter errichtet werden. Dann waren es die sogenannten Hagelkreuze.

Auch Sühnekreuze gab es oder einfach nur Kreuze, an denen man Gott um einen guten Weg bitten konnte. Das *Kirchheimer Kreuz* hat seinen Namen von einem Straßenkreuz an der Landstraße nach Grünstadt. Der *Niefernheimer Kreuzberg* ist nach einem Votivkreuz benannt, ebenso der *Einselthumer Kreuzberg* und der *Zeller Kreuzberg*.

Auch in der Gemarkung Duttweiler hat ein Feldkreuz zu der Lagenbezeichnung *Duttweiler Kreuzberg geführt. In einer Edenkobener Chronik wird für das Jahr 1279 eine Kapelle zum Heiligen Kreuz erwähnt. Es war die Pfarrkirche des aufgegebenen Ortes Watzenhofen. Von dieser Kapelle hat die Lage *Edenkobener Heilig Kreuz ihren Namen. Nach einem Unheil abwehrenden Kreuz aus der Zeit um 1430 ist das *Freinsheimer Schwarze Kreuz benannt. Bei diesem schwarzen Kreuz an der Straße von Freinsheim nach Ungstein soll es gespukt haben. Wer nachts daran vorbeigehen musste, hatte stets die Mahnung im Ohr: „Guck mer bloß net zurück!" Sonst setzt sich einem das Druckmännchen auf die Schulter und das wurde mit jedem Schritt schwerer und schwerer. Erst kurz vor dem Dorfrand sprang es wieder ab.

Vielleicht nicht heilig, aber dafür einen Meter vierzig hoch ist ein Grenzstein in der Rittersheimer Gemarkung. Er gab den Namen für den Wein *Rittersheimer Am Hohen Stein. Auch an der Dreimarkscheid zwischen Winzingen, Branchweiler und Lachen stand ein Grenzstein. Er trägt die Jahreszahl 1467 und ist Namensgeber der Lage *Lachener Langen Stein. Vom Standort eines Bildstockes her rührt die Bezeichnung *Freimersheimer Bildberg. Das *Stettener Heilighäuschen weist ebenfalls auf einen Bildstock hin.

Einer Feldkapelle auf dem Weg nach St. Martin hat der *Maikammerer Heiligenberg seinen Namen zu verdanken. Die Großlage Rebstöckel ist sicherlich als Erinnerung an einen rebenumrankten Bildstock zwischen den beiden Dörfern Hambach und Diedesfeld, die beide als fromme Dörfer bekannt sind, zu deuten. Aber auch die pfälzisch-liebevolle Bezeichnung für einen jungen Rebstock könnte die Ursache für die Weinnamen *Diedesfelder Rebstöckel, *Hambacher Rebstöckel und *Neustadter Rebstöckel sein.

Der *Forster Mariengarten hat seine eigene Heiligenlegende. Ende der zwanziger Jahre unseres Jahrhunderts

179

ließ Ökonomierat Hoch aus Deidesheim eine nach frän-
kischem Vorbild geschaffene barocke Madonnenstatue in
diesem Weinberg aufstellen. Nach diesem Mutter-Gottes-
Bild nannte er die Lage fortan *Mariengarten*. 1971 wurde der Name Großlagenbezeichnung und auch gültig für
den *Wachenheimer Mariengarten* und den *Deidesheimer
Mariengarten*.

Friedhöfe und Gottesacker

Zu den edelsten Weinlagen in der Pfalz wird der *Deidesheimer Herrgottsacker* gezählt. Dort wächst ein Wein, der in der ganzen Welt bekannt und geschätzt ist. Sollte es zutreffen, dass der liebe Gott sich diesen Weinberg für sich allein ausgesucht hat, und ihn damit zu *des Herrgotts Acker* gemacht hat, so wird jeder, der einmal eine Spätlese *Deidesheimer Herrgottsacker* gekostet hat, den lieben Gott zu seiner Wahl beglückwünschen müssen.

Für uns Sterbliche war und ist der Gottesacker der Ort, an dem wir Menschen zur letzten Ruhe gebettet werden und unseren Frieden finden. Und wenn in der Pfalz der Friedhof bei der Kirche lag und nicht an den Dorf- oder Waldrand verbannt war wie heute, so hatte das seinen guten Grund. Wie die Kirche im Dorf bleiben, so sollten die Toten bei den Lebendigen begraben sein. Dass Kirche und Friedhof nicht nur beieinanderliegen, sondern noch von Weinbergen umgeben sind, das kommt sicher nur in der Pfalz vor. Hier liegt alles dicht beieinander, Tod und Leben, Rackern und Mühen, die Seligkeit, die Gott am Ende uns Menschen schenkt und die Seligkeit, die er uns im Wein zukommen lässt.

Fluren und Weinberge in der Nähe des Friedhofes loben und preisen somit den Namen des Herrn und bestärken uns in der Gewissheit, dass der Wein ein Geschenk Gottes und mit seinem Segen erfüllt ist. Dieses bedenket, so Ihr den *Dirmsteiner Herrgottsacker*, den *Kleinkarlbacher Herrgottsacker* oder den extra bescheidenen *Altdorfer Gottesacker* genießt.

Galgenvögel und Gehenkte

Wenn einer, der die Pfälzer einigermaßen kennt, behauptet, in ihrem Lande gäbe es mehr Galgenstricke als anderswo in der Welt, so hat er maßlos übertrieben. Dass sie es faustdick hinter den Ohren haben und selten um eine Ausrede verlegen sind, wenn es gilt, ihren Kopf aus der Schlinge zu ziehen, ist unbestreitbar.

Trotzdem ist es auch in der Pfalz immer wieder vorgekommen, dass sich einer um Kopf und Kragen gebracht hat. Er wurde vor das Hochgericht geladen, um abgeurteilt zu werden. Das *Hochgericht* oder *Halsgericht* tagte ein bis zwei Mal im Jahr unter freiem Himmel auf einem bestimmten Gerichtsplatz außerhalb des Dorfes oder unter einem Baum, meist einer Linde, der sogenannten Gerichtslinde.

Die Weinlage *Hochgericht* erinnert noch heute an eine solche alte Gerichtsstätte, an der das sogenannte *Blut- oder Malefizgericht* zusammentrat.

Am fünfzehnten Juni 1787 fand in Altdorf die letzte Hochgerichtsverhandlung gegen zwei Brüder aus Gommersheim statt. Die beiden *Roten Brüder* waren wegen Vatermordes angeklagt, wurden zum Tode verurteilt und anschließend hingerichtet. Heute wächst an dieser Stelle ein köstlicher Wein, *Altdorfer Hochgericht* genannt. Auch das *Mühlheimer Hochgericht* erinnert an die, die sich um Kopf und Kragen gebracht haben. Meist tagte das Halsgericht auf einer gut sichtbaren Anhöhe. Stand der Galgen nicht gleich neben der Gerichtsstätte, so war er auf jeden Fall nicht weit davon auf einem anderen Berg errichtet.

In Kandel hat der Berg den Namen behalten, auch wenn heute dort kein Galgen mehr steht und stattdessen

Rebstöcke wachsen und Stare im Herbst die Beeren fressen, wo früher die Raben dem Gehenkten die Augen ausgepickt haben. Der *Kandeler Galgenberg* ist er geblieben und hat dem Wein, der auf ihm wächst, seinen Namen gegeben.

Himmel und Hölle

Es gibt schon einige himmlische Tröpfchen, die der Herrgott in der Pfalz wachsen lässt. Sie schmecken teuflisch gut und man muss höllisch aufpassen, dass man nicht im siebten Himmel landet und am Ende einen Schutzengel braucht, um sicher wieder auf die Erde zu kommen.

Kein Weinname drückt diese Erfahrung besser aus als das *Herxheimer am Berg Himmelreich. Vom Dackenheimer Weingut Jakob Winkels-Herding wurde diese Lagenbezeichnung am 14. April 1927 beim Berliner Patentamt angemeldet. 1971, mit dem neuen Weingesetz, musste der Name wieder freigegeben werden. Er wurde als Einzellage in die Weinbergrolle eingetragen.

Mit Höllenweinnamen verhält es sich da ein bisschen anders. Obwohl man sich vorstellen kann, dass die Trauben an einem Südhang in brütender Hitze sich wie im Höllenfeuer fühlen, haben die Namen ihrer Weine nichts mit dem Teufel zu tun. Höllennamen leiten sich ab von dem mittelalterlichen Wort *helde* oder *halde*; sie bezeichnen ein leicht abfallendes Gelände, einen Abhang. Das Wort *helde* wurde pfälzisch *Hell* ausgesprochen, genauso wie das Wort Hölle. So entstand der Name für den *Grünstadter Höllenpfad*, ein Weinberg, der an einem Weg liegt, der an einer *halde*, einem Abhang also, entlangführte. Als Großlagenbezeichnung tragen diesen Namen: *Asselheimer Höllenpfad, *Battenberger Höllenpfad, *Grünstadter Höllenpfad, *Kleinkarlbacher Höllenpfad, *Mertesheimer Höllenpfad, *Neuleininger Höllenpfad, *Sausenheimer Höllenpfad.*

In *Weisenheimer am Sand Halde* ist das alte Wort Halde noch erhalten. Abgewandelt erkennen wir es im *Bissersheimer Held* und gänzlich zur Hölle gefahren ist es im Namen *Gleisweiler Hölle.*

Das Wachenheimer Gerümpel

Pfälzer Weinberge sehen immer sehr gepflegt und ordentlich aus. Sie werden regelmäßig beackert, das Unkraut zwischen den Rebstöcken gehackt oder gespritzt und die wild wuchernden Reben werden im Sommer ständig zurückgeschnitten. Sonst würden sie zu viel Schatten werfen und nicht genug Sonne an die Trauben heranlassen.

In den letzten Jahren sind die Winzer immer mehr dazu übergegangen, die Zeilen und den Boden ihrer Weinberge mit Gründüngung einzusäen. Niedrige Pflanzen halten die Erde feucht, verbessern den Stickstoffgehalt und bilden beim Verrotten wertvolle Nährstoffe. Und auch diese grünen Wingertböden geben ein ordentliches Bild ab.

Wer die Pfälzer Weinbergsflur kennt, dem muss es schwerfallen, sich einen Weinberg voller Gerümpel und Unrat vorzustellen. Alte, weggeworfene Schuhe, löchrige Eimer, verrostete Öfen, zerbrochene Stühle oder Korbsessel – herumliegend in einem Pfälzer Weinberg? Unmöglich!

Und doch gibt es an der Haardt gleich zwei Wingerte, deren Wein Gerümpel heißt: das *Wachenheimer Gerümpel* und das *Friedelsheimer Gerümpel*. Beide haben jedoch nichts mit altem Krempel oder weggeworfenem Sperrmüll zu tun. Diese Gerümpel stammen von dem alten Familiennamen Grympel. 1499 trat Philipp von Bechtolsheim das genannte Flurstück an seinen Vetter *Grympel von Bechtolsheim* ab. Seitdem trägt der Weinberg dessen Namen. Der Volksmund hat ihn schnell zu Gerümpel gewandelt. Darunter konnte man sich doch was Richtiges vorstellen, auch wenn es in diesem Falle das Falsche war. Es gibt Leute, die behaupten zwar, der Name Gerümpel komme daher, dass nach zu viel Genuss dieses Rebensaftes es in Pfälzer Wirtsstuben zu oft gerumpelt habe. Aber man muss ja nicht unbedingt alles glauben, was geredet wird.

Dackenheimer Liebesbrunnen

Die Liebe ist eine Himmelsmacht. Sie geht oft seltsame Wege, bis sie zwei Menschen, die füreinander bestimmt sind, auch zusammengeführt hat. Wenn die beiden dann auch noch beieinanderbleiben, hat die Liebe gezeigt, wie groß und wie stark sie sein kann.

Aber sie fällt nicht nur vom Himmel, die Liebe. Von alters her glaubten die Menschen auch, dass sie mit dem klaren Wasser aus den Tiefen der Erde quillt. Viele Quellen waren deshalb Diana, Aphrodite oder Venus geweiht. Sie wurden verehrt als der Ort, wo die Göttin des Lebens und der Liebe ihre Wohnung hatte. Deshalb hießen sie im Volk *Liebesbrunnen*. Ein solcher Brunnen der Liebe ist der *Dackenheimer Liebesbrunnen* leider nicht. Die Flur wurde nach einem Brunnen benannt, der auf dem Gelände der *Familie Lieber* stand. Lieber war früher ein häufiger Dackenheimer Familienname.

Aber hätte ein Lieber-Brunnen die Fantasie beflügelt und an Zweisamkeit, Glück und Zärtlichkeit denken lassen? Mit Gespür und Mutterwitz hat der Volksmund aus dem Lieberbrunnen sehr schnell einen Liebesbrunnen gemacht. Bei ihm können wir uns vorstellen, wie zwei Liebende Hand in Hand zu der Quelle laufen, ihr kühles Wasser mit bloßen Händen schöpfen und sich gegenseitig daraus trinken lassen, zur Beschwörung ihrer Liebe. Diese Vorstellung lag schon unseren Altvorderen näher, denn den Kindern in Dackenheim haben die Großen früher erzählt, dass im Liebesbrunnen die kleinen Kinder schlafen, bis sie geboren werden. Dann holt sie der Storch heraus, wenn er sie zur Welt bringt und der Mama ins Bein beißt. Der Zauber der

Liebe ist sicher auch in den Dackenheimer Wein eingeflossen. Schon oft hat er zwei Menschenkinder dazu geführt, sich mit den Augen der Liebe anzusehen. Auch manche alte, eingerostete und müde gewordene Liebe hat er, nach mehreren Gläschen, wieder zu neuem Leben erweckt. Weil er hilft, sich selbst, die Welt und auch seinen Nachbarn verständnisvoller und liebevoller anzusehen, ist dieser Dackenheimer ein wahrer Brunnen der Liebe, ein gutes Rezept gegen Missmut, Verdrossenheit und üble Laune.

Der Rhodter Rosengarten

Er ist mit Sicherheit der älteste noch im Ertrag stehende Wingert in der Pfalz, vermutlich sogar der älteste Weinberg der Welt, der *Rhodter Rosengarten Gewürztraminer.* Am Ortsrand von Rhodt unter Rietburg, bekränzt von zwei Rosenbögen am Anfang und Ende seiner drei Zeilen stehen auf sechs Ar dreihundert knorrig-pittoreske Rebstöcke, so richtig alte *Räweknorze*, die vor mehr als 400 Jahren dort gepflanzt wurden.

Sie haben den 30-jährigen Krieg mit seinen Verwüstungen und Brandschatzungen überstanden, sie haben die große Reblauskatastrophe im 19. Jahrhundert überlebt, vermutlich, weil sich ihre Wurzeln schon so tief in die Erde gegraben hatten, dass die gefräßigen Rebläuse nicht mehr an den schmackhaften Saft der Wurzelspitzen herankamen.

Daher können Weinliebhaber noch heute den wohlschmeckenden Saft der Rosengartentrauben genießen. Zwischen 50 und 300 Liter Most liefern die Reben pro Ernte. 2009 waren es auch mal 420 Liter, dafür konnten 2006 nur drei Eimer geerntet werden. Das liegt daran, dass der Gewürztraminer sehr blüteempfindlich ist und daher der Winzer bei ungünstigem Wetter mit starken Ausfällen rechnen muss.

1968 wurde der Weinberg unter Naturschutz gestellt. Für seinen Besitzer ist „der Ertrag nebensächlich." Er „hegt und pflegt seinen Schatz", denn wichtig ist ihm nicht die Menge, sondern „die Qualität". Da von den alten Rebstöcken immer mal wieder einer „kaputt geht", stehen zwischen den Gewürztraminer-Stöcken vereinzelt auch andere Rebsorten oder aus den Wurzeln ausgehauener Altreben neu gezogene

Ableger. Mit solchen gemischten Sätzen beugten Winzer bereits in früheren Zeiten kompletten Ernteausfällen vor.

Die Trauben im Rosengarten werden mit der Hand gelesen. Der uralte Weinberg ist noch im Kammertbau angelegt, bei dem die Stöcke niedriger und die Zeilen enger sind, als es heute üblich ist. Da ist mit Maschinen „nix zu machen".

Gekeltert, vergoren, vom Kellermeister liebevoll behandelt und schließlich in aller Ruhe ausgereift, macht diese handverlesene Kostbarkeit mit ihrem für Gewürztraminer typischen Rosenaroma ihrem Namen alle Ehre.

Der Venninger Doktor und
der St. Martiner Baron

Viele Weine verdanken ihren Namen einer *vornehmen Herkunft*, wenn sie von Grafen oder Fürsten abstammen oder sonst einer adligen Familie angehören – sie haben gleichsam den Titel geerbt.

Es gibt jedoch auch einen Wein, der nach einer nicht adligen, dafür aber verdienstvollen und in ihrem Heimatort sehr geschätzten Persönlichkeit benannt ist: der *Venninger Doktor*. Dem Hofrichter und Kurfürstlichen Kanzler Doktor Florentius Freiherr von Venningen, gehörten vier Hektar Weinland in der Gemarkung *Mulde* zu Venningen. Die Bevölkerung nannte diese Weinlage kurz nach ihrem Besitzer, *den Doktor*. Unter diesem Namen ist sie 1587 auch ins Kataster eingetragen worden. 1971, mit Inkrafttreten des neuen Weingesetzes, wählte die Gemeinde Vennigen diesen Namen für alle Weine des Ortes.

Auch der Wein, der *St. Martiner Baron* heißt, könnte nach einer nicht minder geschätzten Person aus St. Martin benannt sein. Denn es gab in der langen Geschichte dieses schönen Dorfes sicher einige Männer, die sich den Titel eines Baron wohl verdient gehabt hätten. Jedoch steht der Name dieses Weines in keinem Zusammenhang mit einem adeligen Herrn. Er ist ganz handfest und praktisch auf einen Platz im Feld zurückzuführen, auf dem früher Heu und Getreide gespeichert wurden. Diese Plätze wurden, wie auch Futterkrippen, im Pfälzischen mit dem Wort *Baran* oder *Baron* bezeichnet.

Heute kann sich kaum noch jemand etwas Konkretes unter einem Baran vorstellen. Aber die Verbindung eines edlen Weines zu einem edlen Herrn lässt sich mit etwas Fantasie leicht herstellen.

Wobei noch vermerkt sei, dass Baron, mit der Betonung auf dem a, ein in der Pfalz häufig vorkommender Familienname ist.

Das Ungsteiner Bettelhaus

In der Flur, in der heute das *Ungsteiner Bettelhaus* wächst, ein Wein von besonderer Güte und Qualität, stand noch bis in das 18. Jahrhundert hinein ein Armen- und Siechenhaus, im Volksmund *Bettelhaus* genannt.

Armen Leuten, die bettelnd durchs Land zogen, wurde dort Obdach und Verpflegung gewährt. Das Bettelhaus war Herberge und Spital zugleich. Durchziehende Invaliden und Bettelleute fanden Unterkunft für eine Nacht oder auch für längere Zeit. Arme Leute waren alle, die kein Land besaßen. Das gehörte nur den Rittern und Grafen, den Fürsten, Königen und natürlich den Kirchen und Klöstern. Die Land- und Besitzlosen waren Leibeigene oder Fronbauern und mussten als Tagelöhner arbeiten, um ihr Leben fristen zu können. Auch die sogenannten „freien" Bauern mussten Frondienste leisten und von ihrer Ernte den Zehnten abliefern. Da der Zehnte meist viel mehr als der zehnte Teil war, blieb auch ihnen nicht viel zum Leben übrig. Verlor einer im Krieg einen Arm oder ein Bein und konnte deshalb nicht mehr arbeiten, so gehörte er wie die Rechtlosen zu den Ärmsten der Armen und es blieb ihm nur übrig, durchs Land zu wandern und zu betteln, wollte er nicht verhungern. Andererseits war es ein hohes Ideal des Mittelalters, dass sich die Reichen aus Barmherzigkeit um die Armen kümmerten. So wollte es die christliche Lehre, die auch der heilige Franziskus von seinem Orden verbreiten ließ. Nonnen und Mönche waren nicht nur zu Gebet, Studien und Arbeit verpflichtet, sie waren ebenso zu Hilfe und Barmherzigkeit den Armen und Kranken gegenüber aufgerufen.

Deshalb kam es in oder bei Klöstern, aber auch am Rande von Städten und Dörfern zur Errichtung der sogenannten Bettelhäuser.

Das von Ungstein wurde erst 1792 abgerissen. Aber sein Name und die Erinnerung an diese christliche Einrichtung leben in seinem Wein fort.

Das Wollmesheimer Mütterle

Was fällt uns ein, wenn wir das Wort *Mütterle* lesen oder hören? Gemütlichkeit, Geborgenheit, Behütetsein. Wir sehen uns als Kinder in einer großen warmen Küche brav um den Tisch herum sitzen. Es riecht nach Kartoffelsuppe und Quetschekuchen. Die Großmutter füllt uns die Teller und teilt jedem ein großes Stück Kuchen zu. Nach dem Essen sitzt sie im Lehnstuhl und erzählt uns Geschichten aus ihrem Leben, gütig, weise und mit fröhlich blitzenden Augen, die zwischen den vielen Fältchen und Runzeln in ihrem Gesicht leuchten. Sitzen wir gemütlich bei einer Flache *Wollmesheimer Mütterle* und genießen seine Güte, Weisheit und Abgeklärtheit, so kann uns der Traum von einem gütigen Großmütterle schon für ein paar Augenblicke lebendig werden. Und der Wein hat sich seinen Namen wohlverdient.

In Wahrheit jedoch heißt der Weinberg nach dem früher von der Gemeinde bestallten Wiegemeister, der *Mütterer* genannt wurde. Seine Aufgabe war es, die Frucht zu messen, das heißt Roggen, Hafer, Gerste und Weizen zu wiegen. Wahrscheinlich war der Ertrag aus dem Weinberg des heutigen Mütterle für den Unterhalt des *Mütterer* bestimmt und wurde als Entlohnung für seine Tätigkeit verwendet.

Der Neustadter Kroatenpfad

Im 30-jährigen Krieg marodierten brandschatzende und mordende Horden von Schweden, Spaniern, Bayern, Kroaten, Lothringern und Franzosen durch die Pfalz und verwüsteten alles, was sie vorfanden. Städte, Dörfer und Gehöfte wurden geplündert, das Vieh gestohlen, die Häuser angesteckt, die Ernten vernichtet. Es muss grausam gewesen sein. Schätzungen zufolge überlebten nur 10-20 % der Pfälzer dieses jahrzehntelange Gemetzel. Von vielen Dörfern wurde berichtet, dass keine Seele mehr da sei. Sie waren ausgestorben, teilweise mit Hecken und Büschen zugewuchert. Danach kam, wie so oft, der Hunger und mit ihm die Pest. Besonders schlimm hausten die kroatischen Söldner Wallensteins. Sie waren gefürchtet wegen ihrer unbeschreiblichen Brutalität und Grausamkeit. Sie verbreiteten überall Angst und Schrecken.

Auch Lachen-Speyerdorf (heute ein Ortsteil von Neustadt an der Weinstraße) ist immer wieder heimgesucht worden. Das Dorf lag an dem wichtigen Handelsweg von Straßburg nach Mainz , über den die kaiserlichen Truppen von Germersheim her in das kurpfälzische Oberamt einfielen.

So schreibt Julius Schliederer aus Lachen in seinem Kaufbrief aus dem Jahre 1627, dass sein „Gut und Anwesen durch das beschwerliche Kriegswesen nunmehr in das 6. Jahr samt ganzem Dorf und Gemeinde derart verderbt, zum Teil verbrennt und ruiniert sei, die Inwohner und armen Leut auch uffs äußerst spoliert (beraubt), teils auch gestorben und verdorben seien und Äcker, Weingärten, Wiesen, Wald und Feld nicht erbaut und gehandhabt werden können."

Heute erinnert die Weinlage *Neustadter Kroatenpfad,* pälzisch abgewandelt von *Kroadepaad* zu *Krawaddepaad* (Krawattenpfad) an diese schreckliche Zeit. Es wird erzählt, dass die noch im Dorf übrig gebliebenen Bauern Wasser, Wein, Vieh und Getreide auf dem Rücken von Eseln oder auf dem eigenen Buckel auf diesem Pfad zum Lager der Kroaten schleppen und karren mussten.

Freinsheimer Musikantenbuckel

„Die Musikanten sind da!", hieß es früher, wenn Wandermusikanten in die Stadt oder ins Dorf kamen und mit ihren Instrumenten aufspielten.

„Die Mackenbacher kummen!", riefen die Kinder in der Pfalz, denn ihre Straßenmusikanten kamen aus dem eigenen Land, aus Mackenbach, einem kleinen Dorf in der Nordwestpfalz. Arme Leut waren die Mackenbacher. Die schiere Not trieb sie von Zuhause fort. Ihr Reichtum war ihre Begabung, Musik zu machen.

Fast jeder im Dorf spielte ein oder mehrere Instrumente. Die Mackenbacher nahmen ihre Instrumente und zogen durch die Lande, um die Menschen für eine halbe Stunde mit ihrer Musik zu unterhalten und mit ihren Weisen zu

erfreuen. Es gab noch keine Radios und *Hifis* und *Cedes* und *Wokmäns* und all das plärrende Zeug.

Drei bis fünf Mackenbacher waren meistens zusammen. Sie spielten Trompete, Geige, Klarinette und manchmal auch die dicke Pauke.

Die Kinder standen um sie herum, die Erwachsenen lagen in den Fenstern, hörten zu und warfen am Ende, in ein Stück Papier gewickelt, ein paar Groschen auf die Straße. Die Musiker bedankten sich artig, hoben das Geld auf und zogen weiter ins nächste Dorf.

In Freinsheim musizierten sie, wenn sie in die Gegend kamen, auf einem Hügel vor der Stadt. Nach diesem Buckel ist die Weinlage *Freinsheimer Musikantenbuckel* benannt.

Der Kallstadter Saumagen

Ursprünglich hatte er nur die Form eines Saumagens, der Wingert des *Kallstadter Saumagen*: kurz, kompakt, nach oben gewölbt und daliegend wie ein dick und prall gestopfter Sack. Doch dann hat der Name nicht nur den dort wachsenden Wein berühmt gemacht, sondern auch das einmalige Pfälzer National-und Leibgericht.

Beide haben es in sich. Der Wein unzählige Stunden voll Sonne, wunderbare Kräfte und Säfte aus einem fruchtbaren kalkhaltigen Lehmboden und die Mühe vieler fleißiger Winzerhände. Der Saumagen ist gefüllt mit allem, was an einer *Pälzer Wutz* gut, schmackhaft, kräftig und deftig ist:

500 Gramm gut durchwachsenes Kammstück ohne Knochen, 125 Gramm fetter, geräucherter Bauchspeck zusammen mit einer ordentlichen Portion (500 Gramm), gekochter, unvergleichlich guter *Pälzer Grumbeere* in kleine Würfel geschnitten und in zerlassenem Schmalz mit gehackten Zwiebeln in einer *groß Pann* kräftig anbraten. Dann mit 250 Gramm grobem, frischem Bratwurstfüllsel, zwei Eiern, Salz, Thymian, Kümmel und Pfeffer gut vermengen. Damit wird der Magen gefüllt und an beiden Enden gut zugebunden. Dann kommt er in *en groß Dibbe* Wasser und wird dort drei Stunden lang ganz langsam gar gekocht. Abgetrocknet und kalt geworden schneidet man ihn in dicke Scheiben, die in der *groß Pann* auf beiden Seiten schön knusprig gebraten werden.

„Du kanst auch den Magen füllen", schreibt ein altes Kochbuch aus dem Jahre 1581, „mit Speck vnnd Eyern / du kansts eynmachen / es sey gelb oder weiß / mit Pettersilgen Wurtzel / vnnd grünen Kräutern / so ist es auff beyde form gut. Oder den Magen auff den Roßt abgebreunt / mit frischer vngeschmältzter Meybutter begossen / sonderlich wenn er gesotten / vnd voneinander geschnitten ist / vnd nit gefüllt / dass man in trucken anricht / vnd mit Ingwer besträwt / ist er auch gut zu essen."

„Den Sauwmagen kan man auch füllen mit Speck", heißt es an anderer Stelle, „grüne Kräuter / vnd mit Eyern die Füll angemacht / den Magen damit gefüllt / wol gekocht mit Pettersilgen Wurtz / vnnd mit grünen wolschmeckenden Kräutern / die klein gehackt seind / Vnd der Sauwmagen muß ein stundt vier oder fünff kochen / ehe er gar ist".

Wie immer gefüllt, gesotten, gekocht und gebraten, wo immer ausgeschenkt; ein Saumagen ist alleweil ein Genuss, jeder für sich und beide zusammen auf dem Tisch. Der eine auf dem Teller, der andere im Glas. Einen solchen Hochgenuss findet man nur im Pfälzer Land, nur seine Küche und seine Keller bieten so etwas *Saugutes*.

Darum: Prost, guten Appetit und wohl bekomm's!

202

Das Billigheimer Sauschwänzel

Es ist das allerletzte und fällt doch zuallererst auf, das Erkennungszeichen einer jeden Pfälzer Sau: ihr Ringelschwänzchen. Zwischen den beiden mächtigen Schinken sieht es ziemlich unbedeutend aus, und doch meint das Sprichwort: „Das Schwein am Schwanz haben", das Glück gepackt zu haben. Zum Wurst machen taugt das Schweineschwänzchen nicht viel. Zwar hat man noch im 16. Jahrhundert „Schwantz und Gradt vom Schwein gekocht mit zwibeln auff Böhemisch, es sey saur oder nicht, oder in Pfeffer" als Rezept aufgeschrieben, doch heute kommt das Ringelschwänzchen höchstens noch klein gehackt in den Schwartenmagen. Findige Pfälzer Metzgermeister haben vor ein paar Jahren eine kleine Wurst kreiert, die vorzüglich schmeckt und in der Form einem Sauschwänzel nachgemacht ist – und deshalb auch so heißt.

Den besten Fürsprecher hat das Ende einer *Pälzer Wutz* in einem Wein gefunden, der in Billigheim-Ingenheim wächst und mit vollem Namen *Billigheimer Sauschwänzel* heißt. Die schmale und gewundene Form seines Wingerts hat ihm diesen Namen gegeben. Er ist zu echter Pfälzer Speis der angemessene Trank.

203

Die Mußbacher Eselshaut

Heute tuckern und brummen Schlepper und Traktoren durch die Weinberge. Bulldogs und Unimogs ziehen große, schwere Anhänger über asphaltierte Feldwege. Die Trauben, die früher von Hand geschnitten und in hunderte von Holzbütten geschüttet und dann heimgefahren wurden, fressen heute unersättliche, lärmende Vollernterungetüme in sich hinein. Und jedes Jahr gibt es einen neuen, noch besseren Typ, mit dem es angeblich noch schneller und leichter und bequemer geht. Nur billiger geht es nicht.

In der sogenannten guten alten Zeit, die auch nicht immer die beste war, konnten Bauern und Winzer *nur* Zugtiere vorspannen, um ihre Arbeit im Wingert zu verrichten und die Ernte heimzufahren.

Nicht jeder konnte sich Ochs oder Pferd leisten, um sie vor den Pflug oder seinen Karren zu spannen. Viele mussten ihre Weinberge selber hacken und die Wege und Besorgungen mit dem Eselskarren machen. Die Grauröcke waren billiger, genügsamer im Futter, sehr geduldig und ausdauernd. Sie dienten im wahrsten Sinne des Wortes als Wasserträger. Sie waren Sackträger, schleppten die Holzbündel und Rebenhäselcher nach Hause und gestatteten ihrem müden Herrn, des Abends auf ihrem Buckel heimzureiten. Esel sind, trotz ihres schlechten Rufs, viel weniger stur und bockig, als man ihnen nachsagt.

Es war üblich, dass alle Esel eines Dorfes gemeinsam auf einer Weide gehütet wurden. Die hatte zwar neben den Ziegenweiden das schlechtere Gras – das fette war für die Pferde, Ochsen und Kühe reserviert –, sie war auch mit Disteln und Brennnesseln bestanden, aber die Esel waren

damit zufrieden und fraßen sich trotzdem satt. Die Eselsweide nannte man *Eselshüte* oder *Eselshut*.

Der später in Mußbach auf diesem Gelände angelegte
Wingert trug dann den Namen Eselshut und sein Wein
wurde die **Mußbacher Eselshaut* genannt. Das Wort könnte
auch abgeleitet sein vom mittelalterlichen Wort *houwet* für
Heuernte. Dann war die *Eselshüte* die *Eselshouwet*, woraus
später Eselshaut wurde, die Wiese, auf der das Winterheu
für die Esel geerntet wurde.

Der **Niederotterbacher Eselsbuckel* hat seinen Namen aller
Wahrscheinlichkeit nach ebenfalls von einer Eselsweide, die
auf einem Hügel, pfälzisch *Buckel*, gelegen war.

Das Forster Ungeheuer

Wenn beim großen Winzerfestumzug des Deutschen Weinlesefestes in Neustadt an der Weinstraße der Wagen aus dem Weinstädtchen Forst auftaucht, geht in jedem Jahr ein Staunen und Raunen durch die Menge der Zuschauer. Dieser Festwagen ist eine besondere Attraktion und gehört zu den Höhepunkten des Umzuges. Er symbolisiert eine ganz berühmte Weinlage, das Forster Ungeheuer. Von Jahr zu Jahr ist der Wagen bunter, schöner und fantasievoller gestaltet, und das dargestellte Ungeheuer bewegt sich schnaubend und manchmal sogar feuerspeiend durch die Straßen.

Man könnte annehmen, der Wein aus Forst verdanke seinen Namen einem sagenhaften Drachen, der vor ewig langer Zeit dort sein Unwesen getrieben haben mag. Tatsächlich erlebte die Pfalz vor 65 Millionen Jahren einen regelrechten Einbruch. Im jüngsten Erdzeitalter, das den schönen Namen Känozoikum trägt, brach nämlich der Rheingraben in sich zusammen und türmte an seinem westlichen Rand das Haardtgebirge auf. In den entstandenen Graben strömten die Meere des Tertiärs und ertränkten alle Lebewesen, die es damals dort gab, auch alle Dinosaurier. Aber doch ist es vorstellbar, dass ein einzelnes kleines Dinoei übrig blieb, als die Meere abflossen, und auf dem warmen Basalt der Forster Höhe von der Sonne ausgebrütet wurde. Aus diesem Ei hätte schon ein kleiner Lindwurm schlüpfen können, der größer geworden sein und ein paar hundert Jahre dort oben gehaust haben könnte. Die Erinnerung an diesen Drachen hätte dann Pate gestanden für das Forster Ungeheuer. So mag es, so könnte es gewesen sein.

Die Wahrheit ist jedoch, wie meistens im Leben, weniger sagenhaft und wunderbar. In Wirklichkeit hat das *Forster Ungeheuer* seinen Namen von einem Weinberg, der über Generationen im Besitz der Familie Ungeheuer war, wahrscheinlich der Familie des Deidesheimer Stadtschreibers Johann Adam Ungeheuer, der 1699 verstarb.

Das alles ändert aber nichts daran, dass dieser Wein sagenhaft schmeckt und heute noch bestätigt, was einst Otto von Bismarck in einem Dankschreiben über ihn sagte: „Dieses Ungeheuer schmeckt mir ungeheuer."

Die Gimmeldinger Meerspinne

Kaum einer unter den vielen Namen von Pfälzer Weinen klingt so geheimnisvoll wie Gimmeldinger Meerspinne. Als Großlage hat sie ihren Namen ausgeliehen an die *Haardter Meerspinne, *Königsbacher Meerspinne, *Mußbacher Meerspinne, *Neustadter Meerspinne.

Wenn wir im Herbst früh aufstehen und durch die nebelverhangenen Weinberge am Fuß des Weinbietes wandern, können wir manchmal meinen, hinter den tauglitzernden Spinnweben in den Reben jenes vielbeinige, haarig-pelzige Tier zu sehen, die Ahnfrau unserer heutigen Spinnen, jene große Meerspinne, die zu Zeiten des Tertiär das urzeitliche Meer bevölkerte, das damals die Pfalz und den Rheingraben überflutet hatte.

Auf ganz andere Weise kommt eine Deutung dem Weinnamen Meerspinne nahe, die besagt, dass Weinbauern in diesem Weinberg *mehrspännig* fahren mussten. Der Weg soll früher hier ziemlich steil gewesen sein, sodass nur zwei Zugtiere den Karren ziehen konnten. Aus mehrspännig wäre dann die Meerspinne entstanden.

Am wahrscheinlichsten leitet sich jedoch der Name dieses wunderbaren Weines von den beiden alten Wörtern *meer* und *wünne* ab. Das, was wir heute als Meer bezeichnen, hieß früher nur See. Wie bei den Ostfriesen war *meer* der mittelalterliche Ausdruck für feuchten Boden und sumpfiges Gelände; *wünne* war das alte Wort für Wiese oder Weide. Wenn wir annehmen, dass an der Stelle oder in der Nähe des späteren Weinberggeländes eine sumpfige Bodensenke, eine Sumpfweide oder nasse Wiesen waren, eine

Meerwünne, wie man damals sagte, so haben wir hier den Ursprung des Wortes Meerspinne.

Für diese Bedeutung spricht auch, dass die angrenzenden Flurstücke *Teichwiese* und *Rohrgasse* heißen. Mundartliche Abschleifung hat später aus dem nicht mehr verständlichen Wort *Meerwünne* das heutige *Meerspinne* entstehen lassen. Darunter konnten sich die Menschen viel eher etwas vorstellen. So wie es uns Heutigen leichter fällt, uns eine Spinne aus jenem urzeitlichen Meer vorzustellen, als eine sumpfige Wiese. So passt dieser Name auch wohl eher zu diesem wunderbaren Wein, als wenn er *Feuchtwiese* oder *Nasser Wiesengrund* hieße.

Der Wachenheimer Luginsland

Das *Lug ins Land* klingt wie eine Aufforderung aus einer längst vergangenen Zeit. Wir sehen Postkutschen durch die Felder fahren, Wanderburschen ziehen singend über Land, Taugenichtse liegen schläfrig im Gras, die Vögel zwitschern und die Grillen zirpen mit ihnen um die Wette. Wir fühlen uns zurückversetzt in ein romantisches Jahrhundert, in die gute alte Zeit. *Luginsland.* Nicht: „Guck mal da!" oder „Sieh dir das mal an!" Nein: „Lug ins Land!", ruft uns hier ein Wein zu. „Halt an! Halt ein! Öffne deine Augen weit! Sieh dir die Welt mit frommem Herzen an!" Und lass dir von Johann Wolfgang von Goethe zurufen: „Verweile doch. Es ist so schön."

So oder so ähnlich müssen die Menschen vor hundert Jahren an dieser Stelle gefühlt haben, wenn sie Wachenheim auf dem Weg nach Forst verließen und das Pfälzer Land vor sich liegen sahen. Von den vielen Aussichtsplätzen, von denen aus man die Pfalz betrachten kann, ist dies einer der schönsten; die Flur, die ihren Namen einem der bekanntesten Weine der Pfalz gegeben hat, dem *Wachenheimer Luginsland.* Hier sollte man auch heute anhalten und aussteigen, sich auf eine Bank setzen und Ausschau halten, ins Land lugen. Dieses alte Wort meint, dass wir in Ruhe, ohne Eile, aber mit Weile schauen sollten, nicht nur mit den Augen, mit allen unseren Sinnen, damit uns nichts von dem entgeht, was diese Landschaft an Wunderbarem vor uns ausgebreitet hat.

Wir blicken am Rand der Haardt entlang hinüber nach Forst. Wir sehen darunterliegen Niederkirchen und Meckenheim. Weiter links erkennen wir Rödersheim,

Friedelsheim und Gönnheim. In der Ebene liegen Hochdorf-Assenheim und Mutterstadt und dahinter die Hochhäuser und Schlote von Ludwigshafen und Mannheim. Am Horizont leuchten der Odenwald und Heidelberg mit den drei hellen Tupfen seiner Steinbrüche. Auch die Türme des Speyerer Doms sind bei klarem Wetter gut auszumachen.

Und wir schauen über ein Meer von Reben und Obstbäumen, im Sommer so üppig, wie es im Winter bizarr ist. *Luginsland*. Ein Name, der uns ein viel vom Zauber der Pfalz erzählt.

Loblied auf die Pfalz

Klä is die Palz, schä is die Palz,
meer liewen unser Lännel,
ob Vorrer- odder Hinnerpalz,
meer kriggen do kä Hännel.

En Wingert, Felder, Wald, e Wies
mit Räwe, Riewe, Bääm,
fer uns is dess es Paradies,
meer sinn halt do dehäm.

De Woi laaft in die Fässer als,
de Reche durch die Kennel,
klä is die Palz, schä is die Palz,
meer liewen unser Lännel.

Nachlese

Im Herbst werden die Trauben gelesen. Wir Pfälzer feiern den neuen Wein mit vielen fröhlichen kleinen und großen Weinlesefesten, Märkten und Kerwen. Danach wird der Wein in den Kellern der Winzerhöfe, Weingüter und Winzergenossenschaften in Fässern und Tanks gelagert und ausgebaut. Ist er ausgereift, der Weißwein nach etwa neun Monaten, der Rote kann schon etwas länger brauchen, wird er in Flaschen gefüllt und ihm wird sein Etikett mit Namen und Jahrgang aufgeklebt.

Nach der Lese-Lektüre dieses kleinen Kompendiums können Sie, liebe Leser, es sich reiflich überlegen, mit welchen Weinen aus der Pfalz Sie zukünftig Bekanntschaft machen wollen.

Weine sind wie Menschen, und wir Pfälzer sind wie unsere Weine: offen und ehrlich, gradnaus und verträglich. Unsere Weine können lieblich sein und frisch, leicht oder schwer, halbtrocken oder trocken, edelsüß oder feinherb, blumig, fruchtig und süffig. Nur eines sind sie, genau wie wir, ganz selten: sauer.

Wir Pfälzer sind am liebsten und zu jeder Zeit fröhlich und herzlich, gut gelaunt und gesellig, vollmundig und laut und direkt. Wir haben das Herz auf der Zunge, so gern und so oft wie einen frischen, herzerfrischenden Pfälzer Wein. Mit uns ist gut singen, gut leben, gut feiern, gut fröhlich sein. Uns ist jeder willkommen, uns Pfälzern und unserem Wein, der es mag, beschwingt und beseelt und manchmal auch trunken, mit uns Pfälzern beisammen zu sein.

So sagen wir herzlich: Willkommen daheim bei uns in der Pfalz und unserem Pfälzer Wein!

Bildnachweise & Dank

Ein herzliches "Donk schää" geht an alle Beteiligten, die uns bei der Erstellung des "Pfälzer Weinbuch" unterstützt bzw. Bildmaterial zur Verfügung gestellt haben:

Historisches Museum der Pfalz / Scans von Hans-Peter Kraft und Karl Morhard: 12, 128
Markus Eyrich & Dr. Karl Adams: Seite 16, 46, 48, 57, 59, 89, 96, 97, 111, 114, 120, 125, 126, 127, 128, 129, 133, 144, 146, 159, 163, 165, 168, 171, 180, 185, 199, 202, 205, 207, 211
Gerhard Rausch: 24, 103, 126, 149, 187
AGIRO Archiv: 79, 157, 161, 169
Winzergenossenschaft Deidesheim: 93
Weingut Pfirmann: 194
Andreas Baßler: 56
H. Klohr: 209
Andreas Durst: 191
Kreiselmaier: 198
Andreas Jung: 68
Wulf Werbelow: 23
P. Weil: 74

Ebenfalls bedanken möchten wir uns bei allen Inserenten - wir bitten um freundliche Beachtung!

ZWISCHEN DEN ENGELN

Philipps Weinbar

Philipp Rumpf

Mühlturmstrasse 7
D-67346 Speyer

Tel.: + 49-62 32-7 09 14

e-Mail: info@alter-engel.de
www.alter-engel.de

täglich ab 17 Uhr geöffnet

Frühlingsfest...

Sommerfeste...

Federweißerfeste...

Glühweinfest...

...bei uns ist immer was los!

Weinland Meckenheim

exklusiv | innovativ | traditionell

An der Eselshaut 76 · 67435 Neustadt-Mußbach · Tel.: 06321/95 97 820-0 · info@weinland-meckenheim.d

Anzeige